단계별로 실력을 키워가는

うきうき
우 키 우 키
 # 일본어

STEP **1**

단계별로 실력을 키워 가는
new 우키우키 일본어 STEP 1

지은이 강경자
감수자 온즈카 치요(恩塚千代)
펴낸이 임상진
펴낸곳 (주)넥서스

초판 1쇄 발행 2005년 11월 20일
초판 21쇄 발행 2015년 10월 15일

2판 1쇄 발행 2016년 3월 25일
2판 14쇄 발행 2024년 4월 15일

출판신고 1992년 4월 3일 제311-2002-2호
주소 10880 경기도 파주시 지목로 5
전화 (02)330-5500 팩스 (02)330-5555

ISBN 979-11-5752-708-3 14730
       979-11-5752-707-6 14730 (SET)

www.nexusbook.com

단계별로 실력을 키워가는

NEW
うきうき
우   키   우   키

일본어
STEP **1**

강경자 지음 · 온즈카 치요 감수

넥서스 JAPANESE

🏯 첫머리에

어떻게 하면 쉽고 재미있게 일본어를 배울 수 있을까? 어떻게 하면 어디서든 인정받을 만한 완벽한 일본어 실력을 갖출 수 있을까? 현재 일본어를 배우고 있는 학습자나 앞으로 배우고자 하는 사람들에겐 영원한 숙제와도 같은 질문일 것입니다.

필자는 온·오프라인을 통해 오랫동안 일본어를 가르쳐 오면서 역시 이와 비슷한 의문을 가지고 있었습니다. 어떻게 하면 쉽고 재미있게 일본어를 가르쳐줄 수 있을까? 문법을 기초부터 탄탄하게 다져주면서 네이티브 같은 회화 감각을 길러주고, 게다가 어떤 표현도 자신있게 말할 수 있는 풍부한 어휘와 한자 실력까지 갖추도록 도와주고 싶은 마음이 간절하였습니다.

요즘은 예전에 비해서 좋은 교재들이 많이 출간되었고 여러 학원이나 학교에서 검증된 교재를 채택하여 사용하고 있지만, 막상 일본어를 학습하거나 가르치기 위해 좋은 책을 추천해 달라는 부탁을 받으면 고민하게 되는 것이 사실입니다. 왜냐하면 나름대로의 장점을 가지고 있는 일본어 교재는 많이 있지만, 완벽하게 일본어 학습상의 필요를 충족시켜 주는 체계적인 교재는 별로 없기 때문입니다.

일본어는 한국어와 여러 면에서 비슷한 언어 특성상 다른 언어에 비해 보다 쉽게 배울 수 있음에도, 효과적으로 일본어를 배우거나 가르칠 수 있는 교재는 많지 않았습니다. 예를 들어 회화는 연습이 중요한데, 간단한 문형 연습이 있는 교재는 많아도 기초 문법을 활용하여 실제 회화 연습을 할 수 있는 교재는 거의 없었습니다. 또한 일본어 학습자들이 가장 어려워하는 한자의 경우, 한자를 차근차근 익힐 수 있도록 한 교재는 참 드물었습니다. 더구나 요즘에는 쉽고 편한 길을 좋아하는 사람들의 심리를 이용하여 몇 마디 표현만 그때그때 익히도록 하는 흥미 위주의 교재도 눈에 많이 띄었습니다.

이러한 현실 속에서 조금이나마 일본어 학습과 교육에 도움이 되고자 하는 바람에서 이 책을 쓰게 되었습니다. 교재가 완성되어 가는 과정을 보면서 역시 부족한 점이 눈에 띄고 아쉬움이 많이 남지만, 기초 문법을 탄탄히 다지면서 실전 회화 감각을 익힐 수 있는 학습자들을 배려한 최고의 교재임을 자부합니다.

아무쪼록 이 교재가 일본어를 가르치거나 배우는 모든 분들에게 참으로 유익한 책이 되길 간절히 바라며, 끝으로 이 책이 출판되기까지 애써 주신 넥서스저패니즈의 여러 관계자 분들께 감사드립니다.

강경자

추천의 글

본 『우키우키 일본어』 시리즈는 주로 일본어 학원에서 쓰일 것을 염두에 두고 만들어졌으며, 등장인물은 회사원으로 설정되어 있다. 따라서, 각 과의 회화문은 대학 수업용으로 만들어진 교과서에 자주 나오는 학생과 학교 활동이 중심이 된 회화가 아닌, 일반적이고 보편적인 내용으로 구성되어 있다. 그래서 회사원은 물론이고 학생, 주부에 이르기까지 일본어를 처음 배우는 사람이 실제로 쓸 수 있는 표현을 단시간에 몸에 익힐 수 있도록 되어 있다.

본 교재는 기본적으로는 문형과 표현을 중심으로 명사문, 형용사문(い형용사·な형용사), 동사문과 기초 문법에 따라 차례대로 학습해 가도록 구성되어 있고, 각 과별로 다양한 장면을 설정한 연습문제와 FUN&TALK라는 자유로운 형식의 회화 연습문제도 있다. 즉, 일방적인 전달식 강의용 교재가 아니라 적극적으로 회화에 참가할 수 있도록 배려하여 강사의 교재 활용에 따라 수업 활동을 더욱 활발하게 전개시킬 수 있을 것이다.

또한, 본 교재의 특징으로 회화 안에서 사용되고 있는 어휘가 실제로 일본에서 쓰이고 있는 일상용어라는 점에 주목하고 싶다. 원래 교과서에서는 '휴대전화(携帯電話)'나 '디지털카메라(デジタルカメラ)'와 같은 생략되지 않은 사전 표제어 같은 형태가 제시되는 것이 기본이지만, 본 교재는 학습자가 일본인이 실제로 회화에서 쓰는 말을 알고 싶어하는 요구를 반영하여 'ケータイ', 'デジカメ'와 같은 준말 형태의 외래어(가타카나어)를 제시하였다.

이 교재만의 두드러지는 특징 가운데 또 하나는 일본어 초급 교재에서는 잘 볼 수 없는 한자와 외래어(가타카나어) 쓰기 연습이 제공되고 있다는 점이다. 한국어를 모국어로 하는 학습자는 비교적 일본어 학습 능력이 뛰어나다고 할 수 있으나 한자나 가타카나 표기가 서투르거나 잘 모르는 경우가 많다. 수업 중에 짬짬이 이러한 표기법이나 한자의 의미 등을 접할 기회를 고려하고 있는 점이 본 교재의 새롭고 뛰어난 점이라고 말할 수 있을 것이다.

덧붙여, 각 과마다 재미있는 삽화를 넣어 학습자가 학습 내용을 보다 쉽게 이해하고, 학습 의욕을 불러일으킬 수 있도록 하였다.

이처럼 다양한 학습상의 배려가 돋보이는 교재라는 점을 고려하여 많은 학원과 학교에서 쓰이기를 권한다.

恩塚 千代

구성과 특징

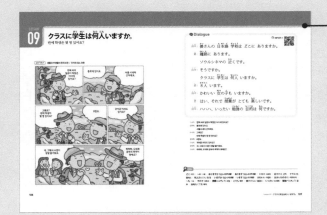

Dialogue

일상생활에서 흔히 접할 수 있는 주제를 중심으로 한 실제 회화로 이루어져 있습니다. 이 본문 회화에는 우리가 반드시 알아야 할 기초 문법과 어휘가 들어 있어서 자연스럽게 어휘, 문법, 회화를 동시에 익힐 수 있습니다. 무엇보다 처음 접하는 본문의 어려움을 최소화하기 위해서 본문 내용을 만화로 보여줌으로써 보다 재미있고 쉽게 공부할 수 있도록 배려하였습니다.

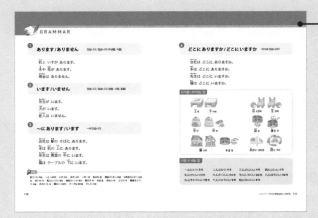

Grammar

문법과 문형 파트에선 Dialogue에 나온 기초 문법을 보다 더 체계적이고 꼼꼼하게 학습할 수 있도록 예문을 제시하되 중요 문법인 경우 각 품사별 문형을 보여줌으로써 정확한 문법의 이해를 돕고 있습니다. 새로운 단어의 경우 어휘 풀이를 넣어 스스로 예문을 해석할 수 있도록 하였습니다.

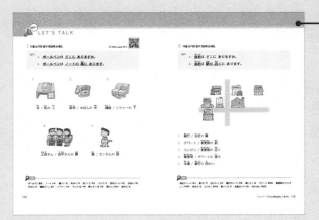

Let's Talk

이 교재의 가장 큰 특징 중의 하나는 본문과 문법 파트를 통해 익힌 문법과 회화 감각을 최대한 길러 주는 회화 연습이 풍부하다는 것입니다. 대부분의 일본어 기초 교재가 단순한 문형 연습에 그친 것에 반해 이 책의 회화 연습 코너는 쉽고 재미있는 문제를 풍부하게 제공하고 있어 단시간에 문법과 회화를 자신의 것으로 만들 수 있는 장점이 있습니다. 또한 연습 문제를 청취 연습으로도 활용할 수 있게 함으로써 소홀해지기 쉬운 청취 부분을 더욱 강화하였습니다. 이를 통해 말하고 듣는 훈련 과정을 최대한 쉽게 소화해 낼 수 있도록 하였습니다.

Exercise

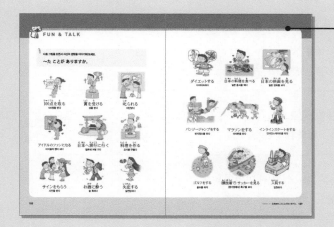

각 과마다 작문 문제를 5개씩 담았습니다. 각 과에서 학습한 주요 문법을 활용하여 기초적인 표현을 다시 짚어 봄으로써 읽고 말하고 듣고 쓸 수 있는 능력을 기를 수 있도록 하였습니다.

일본어 한자의 음독·훈독을 확인하고 쓰기 연습을 함으로써, 한자에 대한 기초 실력을 처음부터 탄탄히 쌓아갈 수 있도록 하였습니다. 난이도는 일본어능력시험 N3~N4 정도의 수준을 기준으로 하여 시험에도 자주 출제되는 중요하고 기초적인 한자입니다.

외래어 역시 최근에 들어서는 그 중요성이 더욱 강조되고 있는 만큼 1과~9과까지는 3개씩, 10과~18과까지는 2개씩 수록하여 외래어를 확실하게 익힐 수 있습니다.

Fun & Talk

마지막 파트에는 게임처럼 즐기며 자유롭게 회화를 할 수 있는 코너입니다. 이는 일반적으로 한인 회화 연습 시간에 사용되는 게임식 회화 자료로서, 기초 문법과 회화 연습을 마친 학습자의 경우 충분히 활용해 볼 수 있는 코너입니다. 이 코너를 통해 상황에 맞는 유창한 일본어 회화 실력을 재미있게 키워 나갈 수 있을 것입니다.

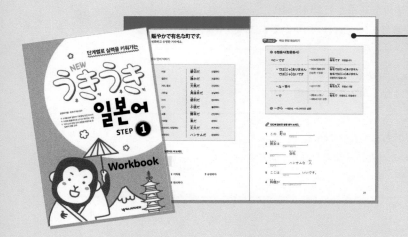

Workbook

각 Lesson에서 배운 단어, 문법, 회화 표현을 확인할 수 있도록 워크북을 별책으로 제공합니다. 문제를 풀면서 실력을 확인해 보세요.

차례

STEP 1

문자와 발음   10

LESSON 01
私は会社員です。   저는 회사원입니다.   28
〜は …です | 〜では[じゃ]ありません | 〜ですか | はい / いいえ

LESSON 02
それはだれの本ですか。   그것은 누구 책이에요?   38
これ / それ / あれ / どれ | この / その / あの / どの | 조사 〜の・〜と・〜も

LESSON 03
会社は何時から何時までですか。   회사는 몇 시부터 몇 시까지예요?   48
何時ですか | 〜から …まで | 〜が | 시간 익히기

LESSON 04
うどんはいくらですか。   우동은 얼마예요?   58
いくらですか | 〜(を)ください | 〜で | 개수 세기 | 숫자 읽기

LESSON 05
お誕生日はいつですか。   생일은 언제예요?   68
いつですか | 〜じゃありませんか | 〜ですね | 生まれ | 날짜와 요일

LESSON 06
日本語は易しくて面白いです。   일본어는 쉽고 재미있어요.   78
い형용사 : 〜です・〜くないです/〜くありません・명사 수식형・〜くて | 〜よ

LESSON 07
賑やかで有名な町です。   번화하고 유명한 거리예요.   88
な형용사 : 〜です・〜では[じゃ]ありません/〜では[じゃ]ないです・명사 수식형・〜で | 〜から

LESSON 08
どんな音楽が好きですか。   어떤 음악을 좋아하세요?   98
〜が好きです | どんな 〜が好きですか | 비교 구문 | 최상급 구문

LESSON 09
クラスに学生は何人いますか。   반에 학생은 몇 명 있어요?   108
あります / ありません | います / いません | 〜にあります / います |
どこにありますか / どこにいますか | 위치 표현

정답   118

STEP 2

LESSON 01 暇な時、何をしますか。 한가할 때 무엇을 합니까?　**12**
동사의 종류 | 동사의 ます형: 〜ます・〜ません・〜ました・〜ませんでした | 동사와 자주 쓰이는 조사

LESSON 02 今度の週末に遊びに行きませんか。 이번 주말에 놀러 가지 않을래요?　**24**
목적 표현 | 〜し | 권유 표현

LESSON 03 おいしい冷麺が食べたいです。 맛있는 냉면을 먹고 싶어요.　**34**
희망 표현: 〜たい・〜たくない・〜がほしい・〜になりたい | 변화에 대한 희망 표현

LESSON 04 地下鉄駅まで歩いて行きます。 지하철역까지 걸어서 갑니다.　**44**
〜て | 〜てください | 〜ながら | 동사의 て형

LESSON 05 山田さんはオークションを知っていますか。 야마다 씨는 옥션을 아세요?　**54**
〜ています | 〜ている+명사

LESSON 06 妹さんは田中さんに似ていますか。 여동생은 다나카 씨를 닮았나요?　**64**
何人兄弟ですか | おいくつですか | 〜に似ている | 結婚している

LESSON 07 お見合をしたことがありますか。 맞선을 본 적이 있나요?　**74**
〜た | 〜たことがある | 〜んです | 동사의 과거형(た형)

LESSON 08 あまり詳しく聞かないでください。 너무 자세하게 묻지 마세요.　**84**
〜ない | 〜ないでください | 〜でした / 〜じゃありませんでした |
동사의 부정형(ない형) | 각 품사의 부정형(ない형)

LESSON 09 会社を辞めないほうがいいですよ。 회사를 그만두지 않는 편이 좋아요.　**94**
〜ないほうがいい | 〜と思います | 〜たほうがいい | 〜てしまう[ちゃう] / 〜でしまう[じゃう]

정답　**104**

うきうき

우 키 우 키 일 본 어

문자와
발음

1 50음도 히라가나
2 50음도 카타가나
3 청음

4 탁음
5 반탁음
6 요음

7 발음
8 촉음
9 장음

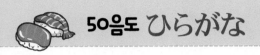

50음도 ひらがな

단＼행	あ행	か행	さ행	た행	な행
あ단	あ あかちゃん	か かめ	さ さる	た たんぽぽ	な なす
い단	い いちご	き きんぎょ	し しか	ち ちょう	に にわとり
う단	う うさぎ	く くり	す すいか	つ つばめ	ぬ ぬいぐるみ
え단	え えんぴつ	け けむり	せ せみ	て てぶくろ	ね ねこ
お단	お おう	こ こま	そ そば	と とうだい	の のこぎり

は행	ま행	や행	ら행	わ행	
は	ま	や	ら	わ	ん
はさみ	まじょ	やかん	らっぱ	わし	にんじん
ひ	み		り		
ひよこ	みかん		りす		
ふ	む	ゆ	る		
ふうせん	むし	ゆり	るすばん		
へ	め		れ		
へび	めがね		れいぞうこ		
ほ	も	よ	ろ	を	
ほん	もみじ	ようせい	ろうそく	てをあらう	

13

50음도 カタカナ

행 단	ア행	カ행	サ행	タ행	ナ행
ア단	ア アイロン	カ カー	サ サンドイッチ	タ タンバリン	ナ ナイフ
イ단	イ イルカ	キ キャベツ	シ シーディー	チ チーズ	ニ ニュース
ウ단	ウ オランウータン	ク クレヨン	ス スリッパ	ツ ツリー	ヌ カヌー
エ단	エ エプロン	ケ ケーキ	セ セーター	テ テレビ	ネ ネクタイ
オ단	オ オレンジ	コ コアラ	ソ ソーセージ	ト トマト	ノ ノート

ハ행	マ행	ヤ행	ラ행	ワ행	
ハ	マ	ヤ	ラ	ワ	ン
ハーモニカ	マッチ	キャッチャー	ラケット	ワイシャツ	パンダ
ヒ	ミ		リ		
ヒーター	ミルク		リボン		
フ	ム	ユ	ル		
フォーク	アイスクリーム	ユニホーム	キャラメル		
ヘ	メ		レ		
ヘリコプター	メロン		レモン		
ホ	モ	ヨ	ロ	ヲ	
ホチキス	モノレール	ヨーグルト	ロープウェー		

청음
清音

일본어 글자는 히라가나, 가타카나로 이루어져 있으며, 청음이란
일본어 글자에 탁점이나 반탁점이 없는 글자를 말합니다.

(1) 모음(母音) 일본어에서 기본 모음은 「あ·い·う·え·お」의 다섯 음뿐입니다.

あ행

あ	い	う	え	お
[a]	[i]	[u]	[e]	[o]
ア	イ	ウ	エ	オ

いす 의자　　　うし 소　　　え 그림　　　えだ 나뭇가지

※う는 우리말의 '우'에 가깝지만 입술을 쭈욱 내밀지 말고 약간만 내밀어 부드럽게 발음하면 됩니다.

(2) 반모음(半母音)

や+わ행

や	ゆ	よ	わ
[ya]	[yu]	[yo]	[wa]
ヤ	ユ	ヨ	ワ

※ や, ゆ, よ, わ는 반모음 또는 이중모음이라고 합니다. や, ゆ, よ는 우리말의 '야, 유, 요'와 같이 발음하고,
わ는 우리말의 '와'와 비슷하게 발음합니다.

(3) 자음(子音)

か행

か [ka]	き [ki]	く [ku]	け [ke]	こ [ko]
カ	キ	ク	ケ	コ

かつら 가발

かき 감

ケーキ 케이크

けむり 연기

※ 우리말의 'ㄲ'과 'ㅋ'의 중간쯤 되는 소리라고 하는데
단어의 가장 앞에 올 때에는 'ㅋ', 단어 중간에 올 때에는 'ㄲ'에 가깝다고 할 수 있습니다.

さ행

さ [sa]	し [shi]	す [su]	せ [se]	そ [so]
サ	シ	ス	セ	ソ

すし 초밥

すずめ 참새

そら 하늘

かさ 우산

※ す는 우리말의 '수'와 달리 약간 숨을 들이마시면서 발음하기 때문에 '스'에 가깝다고 할 수 있습니다.

た 행

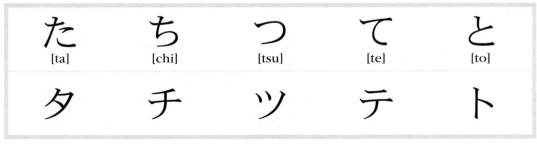

た	ち	つ	て	と
[ta]	[chi]	[tsu]	[te]	[to]
タ	チ	ツ	テ	ト

ノート 노트   たこ 문어   トマト 토마토   ちず 지도

※ ち는 'chi'라고 발음을 표기하는데 우리말의 '찌'에 가깝습니다.

※ つ는 혀 끝부분을 앞니 뒷면의, 앞니와 잇몸이 맞닿아 있는 경계선 부분에 살짝 대고 그 상태에서
   이음새 부분을 혀로 살짝 차면서 '쯔' 발음을 하면 됩니다.

な 행

な	に	ぬ	ね	の
[na]	[ni]	[nu]	[ne]	[no]
ナ	ニ	ヌ	ネ	ノ

かに 게   のど 목구멍   のり 김   なし 배

※ な, ぬ, ね, の는 우리말의 'ㄴ' 발음과 같고, に는 な, ぬ, ね, の보다 혀 앞쪽에서 발음됩니다.

は행

は [ha]	ひ [hi]	ふ [fu]	へ [he]	ほ [ho]
ハ	ヒ	フ	ヘ	ホ

はね 날개　　**ひふ** 피부　　**はは** 엄마　　**ふうせん** 풍선

※ は행은 우리말의 '하, 히, 후, 헤, 호'보다, 자음인 'ㅎ' 음을 좀 더 세게 내어 바람이 픽픽 새는 듯한 느낌으로 발음하는 것이 좋습니다.

※ ふ는 우리말의 '후'에 가깝다고 생각하면 됩니다.

ま행

ま [ma]	み [mi]	む [mu]	め [me]	も [mo]
マ	ミ	ム	メ	モ

まめ 콩　　**おつまみ** 술안주　　**かも** 오리　　**むし** 벌레

※ め는 な행의 ぬ와 모양이 비슷하므로 헷갈리지 않도록 하세요.

19

や행

や	い	ゆ	え	よ
[ya]	[i]	[yu]	[e]	[yo]
ヤ	イ	ユ	エ	ヨ

※ や, ゆ, よ는 반모음 또는 이중모음이라고 합니다.

ら행

ら	り	る	れ	ろ
[ra]	[ri]	[ru]	[re]	[ro]
ラ	リ	ル	レ	ロ

※ ら행은 'r'로 표기되는데 영어의 'r' 음처럼 혀를 굴리지 않습니다. 우리말의 '라, 리, 루, 레, 로'에 가까운 발음입니다.

わ행

わ	を		ん
[wa]	[o]		[n]
ワ	ヲ		ン

※ わ도 や, ゆ, よ와 마찬가지로 반모음 또는 이중모음이라고 합니다.
※ を는 조사로만 사용되는 글자로, 발음은 お와 똑같습니다.

탁음
濁音

か·さ·た·は행에서만 나타나며, 청음 글자의 오른쪽 위에
「" 」부호를 찍은 글자를 말합니다.

か 행

が	ぎ	ぐ	げ	ご
[ga]	[gi]	[gu]	[ge]	[go]
ガ	ギ	グ	ゲ	ゴ

えいご 영어　　**ガラス** 유리　　**うさぎ** 토끼　　**まご** 손자

※ が행의 표기상으로는 우리말의 'ㄱ' 발음이지만, 실제로 발음할 때는 [ㅇ] 발음을 확실히 내야 합니다.

ざ 행

ざ	じ	ず	ぜ	ぞ
[za]	[ji]	[zu]	[ze]	[zo]
ザ	ジ	ズ	ゼ	ゾ

ざる 소쿠리　　**ひじ** 팔꿈치　　**ぞう** 코끼리　　**ピザ** 피자

※ 우리말의 'ㅈ'과 비슷하지만 성대를 울려서 내는 발음으로 우리말에는 없는 발음입니다.
※ じ에서 [z]는 [i] 앞에서 발음이 좀 달라집니다. [j] 발음이 아니라 [z] 발음입니다.

21

だ_행

だ [da]	ぢ [ji]	づ [zu]	で [de]	ど [do]
ダ	ヂ	ヅ	デ	ド

ぶどう 포도　　どろ 진흙　　こづつみ 소포　　チヂミ 부침개

※ だ, で, ど는 [d] 발음이고, ぢ와 づ는 ざ행의 じ, ず와 똑같이 발음합니다.

ば_행

ば [ba]	び [bi]	ぶ [bu]	べ [be]	ぼ [bo]
バ	ビ	ブ	ベ	ボ

えび 새우　　かばん 가방　　ぼうし 모자　　ビール 맥주

※ ば행의 자음은 영어의 'b'와 비슷하며 우리말의 'ㅂ' 음과 같습니다.

반탁음은 は행의 오른쪽 상단에 반탁음 부호 「°」를 붙인
'pa, pi, pu, pe, po'를 말합니다.

ぱ행

ぱ	ぴ	ぷ	ぺ	ぽ
[pa]	[pi]	[pu]	[pe]	[po]
パ	ピ	プ	ペ	ポ

いっぱい 가득　　ペン 펜　　ピンク 분홍　　パパ 아빠

※ 우리말의 'ㅃ' 발음과 비슷한데 단어의 맨 앞에 오면 'ㅍ'으로 발음됩니다.

요음
拗音

반모음 「や・ゆ・よ」가 다른 글자와 함께 쓰여, 그 글자와 함께
한 글자처럼 발음하는 경우를 요음이라고 합니다.

(1) 청음(清音)의 요음

	き [ki]	し [shi]	ち [chi]	に [ni]	ひ [hi]	み [mi]	り [ri]
や [ya]	きゃ [kya]	しゃ [sya]	ちゃ [cha]	にゃ [nya]	ひゃ [hya]	みゃ [mya]	りゃ [rya]
ゆ [yu]	きゅ [kyu]	しゅ [syu]	ちゅ [chu]	にゅ [nyu]	ひゅ [hyu]	みゅ [myu]	りゅ [ryu]
よ [yo]	きょ [kyo]	しょ [syo]	ちょ [cho]	にょ [nyo]	ひょ [hyo]	みょ [myo]	りょ [ryo]

예 おちゃ 차　みゃく 맥　しゅみ 취미　ひゃく 100(백)

(2) 탁음(濁音)·반탁음(半濁音)의 요음

	ぎ [gi]	じ [ji]	ぢ [ji]	び [bi]	ぴ [pi]
や [ya]	ぎゃ [gya]	じゃ [ja]	ぢゃ [ja]	びゃ [bya]	ぴゃ [pya]
ゆ [yu]	ぎゅ [gyu]	じゅ [ju]	ぢゅ [ju]	びゅ [byu]	ぴゅ [pyu]
よ [yo]	ぎょ [gyo]	じょ [jo]	ぢょ [jo]	びょ [byo]	ぴょ [pyo]

예 ギャグ 개그　じゃま 방해

「ん」은 다른 글자 뒤에 와서 우리말의 받침과 같은
역할을 합니다.

❶ 「m(ㅁ)」　　ん + ま·ば·ぱ행

さんま 꽁치　　　　しんぶん 신문

❷ 「n(ㄴ)」　　ん + さ·た·な·ら·ざ·だ행

しんせつ 친절　　　　かんじ 한자

❸ 「ŋ(ㅇ)」　　ん + か·が행

おんがく 음악　　　　げんき 건강함

❹ 「N(콧소리)」　　ん으로 끝날 때, ん + あ·は·や·わ행

れんあい 연애　　　　でんわ 전화

촉음은 「つ」를 2분의 1 크기로 표기하여 우리말의 받침
역할을 하는데, 하나의 독립된 음절로 발음합니다.

❶ 「k(ㄱ)」　　っ + か행

いっき 한숨　　　　がっこう 학교

❷ 「s(ㅅ)」　　っ + さ행

いっさい 한 살　　　　さっそく 즉시

❸ 「t(ㄷ)」　　っ + た행

きって 우표　　　　おっと 남편

❹ 「p(ㅂ)」　　っ + ぱ행

いっぱい 가득, 한 잔　　　　しっぽ 꼬리

장음
長音

한 낱말의 가운데 있는 두 음절 또는 세 음절을 한 음절처럼 길게
발음하는 소리를 말합니다.

	장음(長音)	단음(短音)
あ단 + あ	おかあさん 어머니	おばさん 아주머니
い단 + い	おにいさん 오빠	おじさん 아저씨
う단 + う	すうがく 수학	くき 줄기
え단 + え + い	おねえさん 누나, 언니	え 그림
	とけい 시계	へや 방
お단 + お + う	おおきい 크다	おい 남자 조카
	こうえん 공원	そこ 거기
요음 + う	きょうかい 교회	しょめい 서명

예 **おばあさん** 할머니　　**おじいさん** 할아버지　　**ゆうがた** 저녁
　えいご 영어　　　　　**りょこう** 여행　　　**じゅう** 10(십)

단계별로 실력을 키워가는

NEW うきうき
우   키   우   키

일본어

私は会社員です。
わたし　かいしゃいん

저는 회사원입니다.

表現 익히기　자기소개 / 명사의 긍정문 · 부정문 · 의문문

28

🎧 MP3 01-1

姜：はじめまして。

　　姜ハンチョクです。

　　どうぞ よろしく お願いします。

山田：はじめまして。山田です。

　　こちらこそ よろしく お願いします。

　　姜さんは 学生ですか。

姜：いいえ、学生じゃありません。

　　会社員です。

강한척 : 처음 뵙겠습니다.
　　　　강한척입니다.
　　　　잘 부탁드립니다.
야마다 : 처음 뵙겠습니다. 야마다입니다.
　　　　저야말로 잘 부탁드리겠습니다.
　　　　한척 씨는 학생이에요?
강한척 : 아니요, 학생이 아닙니다.
　　　　회사원입니다.

 단어

- -

はじめまして 처음 뵙겠습니다 | **どうぞ** 부디, 아무쪼록 | **よろしく** 잘 | **お願(ねが)いします** 부탁드립니다 | **こちらこそ** 이쪽이야
말로, 저야말로 | **学生(がくせい)** 학생 | **会社員(かいしゃいん)** 회사원

GRAMMAR

1

～は …です

～은/는 …입니다

私は 学生です。

彼女は 会社員です。

彼は 日本人です。

2

～では[じゃ]ありません

～이/가 아닙니다

学生では[じゃ]ありません。

会社員では[じゃ]ありません。

日本人では[じゃ]ありません。

인칭대명사

1인칭	2인칭	3인칭
私 나, 저	あなた 너, 당신	彼 그, 그 사람 彼女 그녀

🔍 단어

私(わたし) 저 | 学生(がくせい) 학생 | 会社員(かいしゃいん) 회사원 | 日本人(にほんじん) 일본인

③ ～ですか
〜입니까?

<ruby>学生<rt>がくせい</rt></ruby>ですか。

<ruby>会社員<rt>かいしゃいん</rt></ruby>ですか。

<ruby>中国人<rt>ちゅうごくじん</rt></ruby>ですか。

④ はい/いいえ
예 / 아니요

はい、<ruby>学生<rt>がくせい</rt></ruby>です。

はい、<ruby>会社員<rt>かいしゃいん</rt></ruby>です。

いいえ、<ruby>中国人<rt>ちゅうごくじん</rt></ruby>ではありません。

국적

韓国人（かんこくじん） 한국인	**日本人**（にほんじん） 일본인	**中国人**（ちゅうごくじん） 중국인
アメリカ人（じん） 미국인	**イギリス人**（じん） 영국인	**フランス人**（じん） 프랑스인

 단어 ---

中国人(ちゅうごくじん) 중국인

LET'S TALK

Ⅰ 다음 보기와 같이 연습해 보세요.

🎧 MP3 Lesson 01-2

| 보기 |
^{キム}金さんは ^{い しゃ}医者です。

1
^{わたし}私 / ^{がくせい}学生

2
^{わたし}私 / ^{かいしゃいん}会社員

3
^{かれ}彼 / ^{か しゅ}歌手

Ⅱ 다음 보기와 같이 연습해 보세요.

| 보기 |
^{わたし}私は ドイツ^{じん}人です。

1
^{やま だ}山田さん / ^{に ほんじん}日本人

2
^{ワン}王さん / ^{ちゅうごくじん}中国人

3
スミスさん / アメリカ^{じん}人

🔍 **단어** ---

医者(いしゃ) 의사 | **歌手**(かしゅ) 가수 | **ドイツ人**(じん) 독일인 | **アメリカ人**(じん) 미국인

III 다음 보기와 같이 연습해 보세요.

│ 보기 │

A: 金^{キム}さんは 韓国人^{かんこくじん}ですか。

B: はい、韓国人^{かんこくじん}です。

A: 山田^{やまだ}さんは 韓国人^{かんこくじん}ですか。

B: いいえ、韓国人^{かんこくじん}ではありません。

1

彼^{かれ} / 学生^{がくせい}

2

彼^{かれ} / ピアニスト

3

彼^{かれ} / 歌手^{かしゅ}

4

彼女^{かのじょ} / 先生^{せんせい}

5

彼女^{かのじょ} / 日本人^{にほんじん}

🔍 **단어** --

韓国人(かんこくじん) 한국인 │ **彼**(かれ) 그 │ **ピアニスト** 피아니스트 │ **彼女**(かのじょ) 그녀 │ **先生**(せんせい) 선생님

EXERCISE

다음 빈칸에 알맞은 말을 넣어 보세요.

1 처음 뵙겠습니다.

は＿＿＿＿＿＿＿＿＿＿＿＿＿＿＿＿

2 아무쪼록 잘 부탁드립니다.

どうぞ ＿＿＿＿＿＿＿＿＿＿＿＿＿

3 저는 학생입니다.

私_{わたし}は ＿＿＿＿＿＿＿＿＿＿＿＿＿

4 그는 회사원이 아닙니다.

彼_{かれ}は ＿＿＿＿＿＿＿＿＿＿＿＿＿

5 중국인입니까?

中国人_{ちゅうごくじん} ＿＿＿＿＿＿＿＿＿＿＿＿

🔍 **단어** --

どうぞ 아무쪼록, 부디 | **私**(わたし) 저 | **彼**(かれ) 그, 그 사람 | **中国人**(ちゅうごくじん) 중국인

34

学 배울 학
음독 がく 훈독 まなぶ 배우다   ` ` ` ` ` ` ` ` 学 学 学

| 学 | 学 | 学 | 学 | 学 | 学 |

生 날 생
음독 せい / しょう 훈독 生(なま) 생 / 生(い)きる 살다 / 生(う)まれる 태어나다   ノ ← ← 牛 生

| 生 | 生 | 生 | 生 | 生 | 生 |

大学 だい がく
대 학

| 大学 | 大学 | 大学 | 大学 | 大学 | 大学 |

先生 せん せい
선생님

| 先生 | 先生 | 先生 | 先生 | 先生 | 先生 |

외래어 연습

アメリカ 미국

| アメリカ | アメリカ | アメリカ | アメリカ |

イギリス 영국

| イギリス | イギリス | イギリス | イギリス |

フランス 프랑스

| フランス | フランス | フランス | フランス |

FUN & TALK

다음 사람의 이름과 직업을 물으면서 연습해 보세요.

失礼ですが、お名前は? 실례합니다만, 성함은?

失礼ですが、お仕事は? 실례합니다만, 하시는 일은?

田中 – 会社員
회사원

佐藤 – 銀行員
은행원

鈴木 – 先生
선생님

高橋 – 運転手
운전수

中村 – 医者
なかむら　いしゃ
의사

吉田 – けいさつ
よしだ
경찰

三木 – 美容師
みき　びようし
미용사

吉村 – 歌手
よしむら　かしゅ
가수

工藤 – スチュワーデス
くどう
스튜어디스

渡辺 – モデル
わたなべ
모델

それはだれの本ですか。

그것은 누구 책이에요?

표현 익히기) 사물을 가리키는 지시어 こ·そ·あ·ど 법칙 / 조사의 용법

💬 Dialogue

🎧 MP3 02-1

田中(たなか)： すみません。

それは だれの 本(ほん)ですか。

姜(カン)： あ、これは 私(わたし)のです。

田中(たなか)： じゃ、この ボールペンも 姜(カン)さんのですか。

姜(カン)： はい、そうです。

田中(たなか)： そうですか。

えーと。じゃ、私(わたし)の 本(ほん)と ボールペンは…?

姜(カン)： ハハ、実(じつ)は これ、全部(ぜんぶ) 田中(たなか)さんのです。

다나카: 실례합니다.
　　　　그것은 누구 책이에요?
강한척: 아, 이것은 제 것입니다.
다나카: 그럼, 이 볼펜도 한척 씨 거예요?
강한척: 네, 그렇습니다.
다나카: 그래요?
　　　　음…. 그럼, 내 책하고 볼펜은……?
강한척: 하하, 실은 이것 전부 다나카 씨 거예요.

 단어 -

それ 그것 | だれ 누구 | ~の ~의, ~의 것 | 本(ほん) 책 | これ 이것 | じゃ 그럼 | この 이 | ボールペン 볼펜 | ~も ~도 |
はい 네 | そうです 그렇습니다 | えーと 망설일 때의 의성어 | 実(じつ)は 실은 | 全部(ぜんぶ) 전부

GRAMMAR

❶ **これ / それ / あれ / どれ** 이것 / 그것 / 저것 / 어느 것

これは 本です。

それは かばんです。

あれは つくえです。

❷ **この / その / あの / どの** 이 / 그 / 저 / 어느

この 本

その ボールペン

あの かばん

どの 車

こ・そ・あ・ど 법칙

これ 이것	**それ** 그것	**あれ** 저것	**どれ** 어느것
この 이	**その** 그	**あの** 저	**どの** 어느
こちら 이쪽	**そちら** 그쪽	**あちら** 저쪽	**どちら** 어느쪽
こんな 이런	**そんな** 그런	**あんな** 저런	**どんな** 어떤
ここ 여기	**そこ** 거기	**あそこ** 저기	**どこ** 어디

🔍 **단어**

本(ほん) 책 | **かばん** 가방 | **つくえ** 책상 | **ボールペン** 볼펜 | **車**(くるま) 차

❸

〜の
~의, ~의 것

❶ ~의 (소유격 조사)

私の 本   先生の めがね

❷ ~의 것 (소유대명사)

私の   先生の

❸ 명사 수식

日本語の 本   中国の 会社

❹

〜と
~와/과

先生と 学生

韓国人と 日本人

本と ノート

❺

〜も
~도

私も 学生です。

これも 私のです。

彼女も 先生です

🔍 **단어** -

めがね 안경 │ **日本語**(にほんご) 일본어 │ **中国**(ちゅうごく) 중국 │ **会社**(かいしゃ) 회사 │ **ノート** 노트

LET'S TALK

🎧 MP3 Lesson 02-2

I 다음 보기와 같이 연습해 보세요.

| 보기 |

A: この かばんは 先生のですか。

B: はい、先生のです。

　　いいえ、先生のではありません。

1　A: この 帽子は 金さんのですか。

　　B: はい、_____。

2　A: この ボールペンは 金さんのですか。

　　B: いいえ、_____。

3　A: その 時計は 山田さんのですか。

　　B: いいえ、_____。

4　A: その めがねは 山田さんのですか。

　　B: はい、_____。

5　A: あの 車は 先生のですか。

　　B: いいえ、_____。

🔍 단어 --

かばん 가방 ｜ 帽子(ぼうし) 모자 ｜ ボールペン 볼펜 ｜ 時計(とけい) 시계 ｜ めがね 안경 ｜ 車(くるま) 차, 자동차

Ⅱ 다음 보기와 같이 연습해 보세요.

> | 보기 |
>
> A: これは だれの かばんですか。
>
> B: それは 先生の かばんです。

1　A: これは だれの 本ですか。

　　B: _____は 先生の 本です。

2　A: これは だれの ケータイですか。

　　B: _____は 友達の ケータイです。

3　A: それは だれの カメラですか。

　　B: _____は 私の カメラです。

4　A: それは だれの 写真ですか。

　　B: _____は ナさんの 写真です。

5　A: あれは だれの くつですか。

　　B: _____は 金さんの くつです。

🔍 단어

これ 이것 | だれ 누구 | それ 그것 | 本(ほん) 책 | ケータイ 휴대전화 | 友達(ともだち) 친구 | カメラ 카메라 | 写真(しゃしん) 사진 | あれ 저것 | くつ 구두

EXERCISE

다음 빈칸에 알맞은 말을 넣어 보세요.

1 이것은 나의 가방입니다. (かばん)

これは _____

2 그것은 야마다 씨의 볼펜입니다. (ボールペン)

それは _____

3 저것은 일본 잡지입니다. (雑誌)

あれは _____

4 이 차는 회사의 것입니다. (車)

この _____

5 그 휴대전화는 나의 것이 아닙니다. (ケータイ)

その _____

6 저 구두는 선생님의 것입니다. (くつ)

あの _____

🔍 단어 --

ボールペン 볼펜 | **日本**(にほん) 일본 | **雑誌**(ざっし) 잡지 | **車**(くるま) 차 | **会社**(かいしゃ) 회사 | **くつ** 구두

44

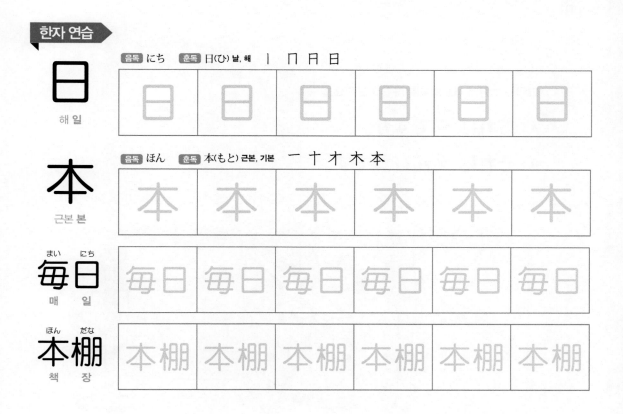

日
해 일

음독 にち 훈독 日(ひ) 날, 해   丨 冂 冃 日

| 日 | 日 | 日 | 日 | 日 | 日 |

本
근본 본

음독 ほん 훈독 本(もと) 근본, 기본   一 十 才 木 本

| 本 | 本 | 本 | 本 | 本 | 本 |

毎日
매   일

| 毎日 | 毎日 | 毎日 | 毎日 | 毎日 | 毎日 |

本棚
책   장

| 本棚 | 本棚 | 本棚 | 本棚 | 本棚 | 本棚 |

カメラ 카메라

| カメラ | カメラ | カメラ | カメラ |

ノート 노트

| ノート | ノート | ノート | ノート |

ベッド 침대

| ベッド | ベッド | ベッド | ベッド |

FUN & TALK

그림을 보면서 사물의 이름을 물어보세요.

A : これは 何^{なん}ですか。

B : それは えんぴつです。

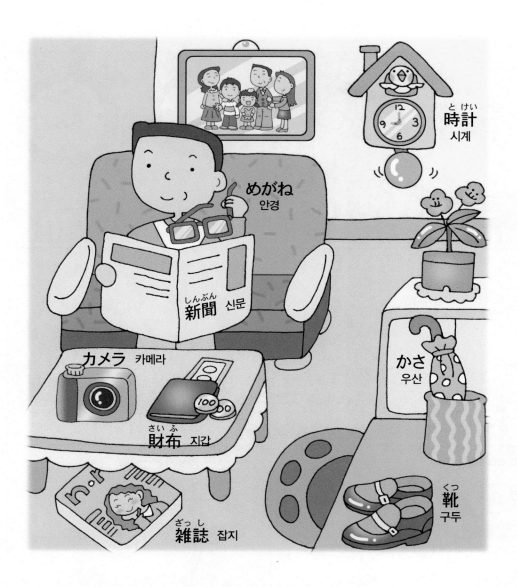

会社は何時から何時までですか。

かい しゃ　なん じ　　　　なん じ

회사는 몇 시부터 몇 시까지예요?

표현 익히기　시간 관련 표현

🎧 MP3 03-1

山田_{やまだ}: 姜_{カン}さん、姜_{カン}さんの 会社_{かいしゃ}は

何時_{なんじ}から 何時_{なんじ}まで ですか。

姜_{カン}: 会社_{かいしゃ}は 朝_{あさ} 9時_{くじ}から 午後_{ごご} 5時_{ごじ}まで ですが、

仕事_{しごと}の 後_{あと} 飲_のみ会_{かい}が…。

山田_{やまだ}: 飲_のみ会_{かい}?

飲_のみ会_{かい}は 普通_{ふつう} 何時_{なんじ}まで…?

姜_{カン}: あの、それが…。ちょっと。

야마다: 한척 씨, 한척 씨의 회사는 몇 시부터 몇 시까지예요?
강한척: 회사는 아침 9시부터 오후 5시까지입니다만…….
　　　　일이 끝난 후 회식이…….
야마다: 회식요?
　　　　회식은 보통 몇 시까지 해요?
강한척: 저, 그게……. 좀…….

会社(かいしゃ) 회사 | **何時**(なんじ) 몇 시 | **～から** ～부터 | **～まで** ～까지 | **朝**(あさ) 아침 | **9時**(くじ) 9시 | **午後**(ごご) 오후 | **5時**(ごじ) 5시 | **仕事**(しごと) 일, 업무 | **後**(あと) 후, 뒤 | **飲**(の)**み会**(かい) 술자리, 회식, 모임 | **普通**(ふつう) 보통 | **あの** 저, 저기(말을 걸거나 말이 막힐 때) | **ちょっと** 좀, 조금

GRAMMAR

1 何時ですか

何(なん)時(じ)ですか。   몇 시입니까?

今(いま) 何(なん)時(じ)ですか。
→ 一(いち)時(じ)です。
→ 12時(じゅうにじ)半(はん)です。

2 〜から …まで   〜부터 …까지

病(びょう)院(いん)は 何(なん)時(じ)から 何(なん)時(じ)までですか。

アルバイトは 朝(あさ) 9時(くじ)から 夜(よる) 8時(はちじ)までです。

3 〜が   〜만, 〜이/가

❶ 〜만 (역접의 접속사)

すみませんが。 / 失(しつ)礼(れい)ですが。

韓(かん)国(こく)人(じん)ですが。

❷ 〜이/가 (주격 조사)

これが 私(わたし)のです。

あの人(ひと)が 山(やま)田(だ)さんです。

🔍 **단어** -

半(はん) 반, 절반 | **病院(びょういん)** 병원 | **アルバイト** 아르바이트 | **朝(あさ)** 아침 | **夜(よる)** 밤, 저녁 | **すみません** 죄송합니다 |
失礼(しつれい)です 실례합니다 | **あの人(ひと)** 저 사람

시간 익히기

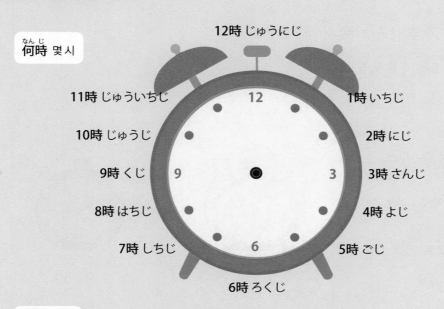

何時(なんじ) 몇 시

12時 じゅうにじ
11時 じゅういちじ
10時 じゅうじ
9時 くじ
8時 はちじ
7時 しちじ
6時 ろくじ
1時 いちじ
2時 にじ
3時 さんじ
4時 よじ
5時 ごじ

何分(なんぷん) 몇 분

1分	いっぷん	20分	にじっぷん
2分	にふん		にじゅっぷん
3分	さんぷん	30分	さんじっぷん
4分	よんぷん		さんじゅっぷん
5分	ごふん	40分	よんじっぷん
6分	ろっぷん		よんじゅっぷん
7分	ななふん / しちふん	50分	ごじっぷん
8分	はちふん / はっぷん		ごじゅっぷん
9分	きゅうふん		
10分	じっぷん / じゅっぷん		

시간 표현

午前(ごぜん) 오전   午後(ごご) 오후   朝(あさ) 아침   昼(ひる) 낮   夜(よる) 밤, 저녁

LET'S TALK

Ⅰ 다음 보기와 같이 연습해 보세요.

🎧 MP3 Lesson 03-2

|보기|

A: すみません、今 何時ですか。

B: 1時 10分です。

1

4 : 20

2

7 : 30

3

9 : 50

4

10 : 15

5

12 : 40

🔍 단어

すみません 죄송합니다, 실례합니다 | **今**(いま) 지금 | **何時**(なんじ) 몇 시

52

Ⅱ 다음 보기와 같이 연습해 보세요.

| 보기 |

A: 学校(がっこう)は 何時(なんじ)から 何時(なんじ)までですか。

B: 学校(がっこう)は 午前(ごぜん) 9時(くじ)から 午後(ごご) 4時半(よじはん)までです。

1

会社(かいしゃ)

(A.M.) 9:00 ~ (P.M.) 6:00

2

銀行(ぎんこう)

(A.M.) 9:00 ~ (P.M.) 4:00

3

デパート

(A.M.) 10:30 ~ (P.M.) 7:30

4

病院(びょういん)

(A.M.) 10:00 ~ (P.M.) 7:00

5

レストラン

(A.M.) 11:00 ~ (P.M.) 10:00

🔍 **단어** -

学校(がっこう) 학교 | **午前**(ごぜん) 오전 | **午後**(ごご) 오후 | **会社**(かいしゃ) 회사 | **銀行**(ぎんこう) 은행 | **デパート** 백화점 | **病院**(びょういん) 병원 | **レストラン** 레스토랑

EXERCISE

다음 빈칸에 알맞은 말을 넣어 보세요.

① 일본어 수업은 7시부터 8시까지입니다.

日本語の 授業は _____

② 점심시간은 12시부터 1시까지입니다.

昼休みは _____

③ 회의는 오전 10시부터 12시까지입니다. (午前)

会議は _____

④ 아르바이트는 오후 6시부터 11시까지입니다. (午後)

アルバイトは _____

⑤ 미용실은 오전 10시부터 오후 9시까지입니다.

美容院は _____

授業(じゅぎょう) 수업 ｜ **昼休**(ひるやす)**み** 점심시간 ｜ **会議**(かいぎ) 회의 ｜ **アルバイト** 아르바이트 ｜ **美容院**(びょういん) 미용실

会
모일 회

음독 かい　훈독 会(あ)う 만나다　ノ 人 个 亼 会 会

| 会 | 会 | 会 | 会 | 会 | 会 |

社
회사 사

음독 しゃ　훈독 やしろ 신사　` ラ ネ ネ ネ 社 社

| 社 | 社 | 社 | 社 | 社 | 社 |

会社
회　사

| 会社 | 会社 | 会社 | 会社 | 会社 | 会社 |

会議
회　의

| 会議 | 会議 | 会議 | 会議 | 会議 | 会議 |

社会
사　회

| 社会 | 社会 | 社会 | 社会 | 社会 | 社会 |

アルバイト 아르바이트

| アルバイト | アルバイト | アルバイト | アルバイト |

デパート 백화점

| デパート | デパート | デパート | デパート |

レストラン 레스토랑

| レストラン | レストラン | レストラン | レストラン |

FUN & TALK

다음 장소를 찾아가려고 합니다. 가기 전에 미리 몇 시부터 몇 시까지 하는지 물어보세요.

何時から 何時までですか。

銀行 (A.M.) 9:00 ~ (P.M.) 4:00

学校 (A.M.) 9:00 ~ (P.M.) 4:00

郵便局 (A.M.) 9:30 ~ (P.M.) 5:00

コンビニ 24時間営業

映画館 (A.M.) 10:30 ~ (P.M.) 11:50

図書館 (A.M.) 6:30 ~ (P.M.) 5:00

病院 (A.M.) 10:00 ~ (P.M.) 6:00

スポーツクラブ (A.M.) 5:00 ~ (P.M.) 11:00

美術館 (A.M.) 9:00 ~ (P.M.) 4:00

デパート (A.M.) 10:30 ~ (P.M.) 7:30

うどんはいくらですか。

우동은 얼마예요?

표현 익히기) 숫자 세기 / 가격 표현

💬 Dialogue

店員_{てんいん}: いらっしゃいませ。

姜_{カン}: すみません。うどんは いくらですか。

店員_{てんいん}: きつねうどんは 450円_{よんひゃくごじゅうえん}で、てんぷらうどんは 550円_{ごひゃくごじゅうえん}です。

姜_{カン}: おにぎりは いくらですか。

店員_{てんいん}: おにぎりは 1つ_{ひと} 120円_{ひゃくにじゅうえん}です。

姜_{カン}: じゃ、てんぷらうどん 1つ_{ひと}と おにぎり 2つ_{ふた} ください。

(식사 후 계산대에서)

店員_{てんいん}: てんぷらうどん 1つ_{ひと}と おにぎり 2つ_{ふた}ですね。 全部で_{ぜんぶ} 790円_{ななひゃくきゅうじゅうえん}です。ありがとうございます。

점원: 어서 오세요.

강한척: 여기요. 우동은 얼마예요?

점원: 유부우동은 450엔이고, 튀김우동은 550엔입니다.

강한척: 주먹밥은 얼마예요?

점원: 주먹밥은 한 개에 120엔입니다.

강한척: 그럼, 튀김우동 하나하고 주먹밥 두 개 주세요.

(식사 후 계산대에서)

점원: 튀김우동 하나와 주먹밥 두 개죠. 전부 해서 790엔입니다. 감사합니다.

단어

店員(てんいん) 점원 ┃ いらっしゃいませ 어서 오세요 ┃ すみません 죄송합니다, 실례합니다 ┃ うどん 우동 ┃ いくら 얼마 ┃ きつねうどん 유부우동 ┃ ~円(えん) ~엔 ┃ ~で ~이고, ~해서 ┃ てんぷらうどん 튀김우동 ┃ おにぎり 주먹밥 ┃ 1(ひと)つ 하나, 한 개 ┃ ~と ~와/과 ┃ 2(ふた)つ 둘, 두 개 ┃ ください 주세요 ┃ 全部(ぜんぶ)で 전부 해서 ┃ ありがとうございます 감사합니다

GRAMMAR

1 **いくらですか**　　　　　　　　얼마입니까?

コーヒーは いくらですか。

うどんは いくらですか。

この時計は いくらですか。

2 **〜(を) ください**　　　　　　〜(을/를) 주세요

お水(を) ください。

コーヒー(を) ください。

おにぎり(を) ください。

3 **〜で**　　　　　　〜해서, 〜에(합계한 수량) / 〜이고(구분)

❶ **〜해서, 〜에 (합계한 수량)**

2つで 1000ウォンです。

全部で いくらですか。

❷ **〜이고 (구분)**

これは ケータイで、それは デジカメです。

私は 韓国人で、山田さんは 日本人です。

🔍 **단어** --

コーヒー 커피 ｜ **時計**(とけい) 시계 ｜ **お水**(みず) 물 ｜ **〜ウォン** ~원 ｜ **デジカメ** 디지털카메라

60

4 개수 세기

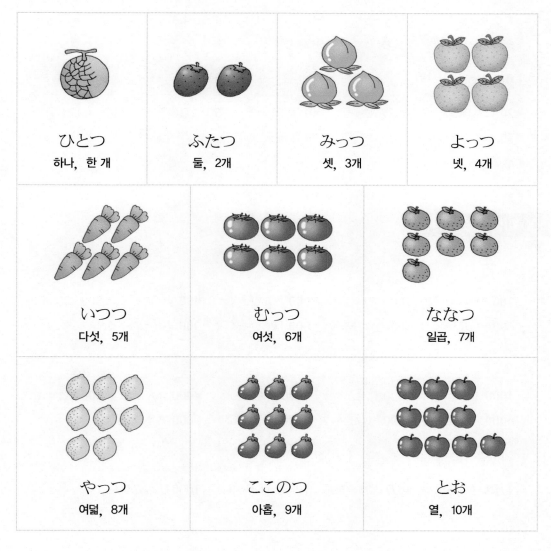

ひとつ 하나, 한 개	ふたつ 둘, 2개	みっつ 셋, 3개	よっつ 넷, 4개

いつつ 다섯, 5개	むっつ 여섯, 6개	ななつ 일곱, 7개

やっつ 여덟, 8개	ここのつ 아홉, 9개	とお 열, 10개

じゅういっ こ
１１個 11개

じゅうに こ
１２個 12개

じゅうさん こ
１３個 13개

じゅうよん こ
１４個 14개

じゅうご こ
１５個 15개

じゅうろっ こ
１６個 16개

숫자 읽기

1 - 10

1 いち	2 に	3 さん	4 し/よん	5 ご
6 ろく	7 しち/なな	8 はち	9 く/きゅう	10 じゅう

20 - 90

20 にじゅう	30 さんじゅう	40 よんじゅう	50 ごじゅう	60 ろくじゅう
70 ななじゅう	80 はちじゅう	90 きゅうじゅう		

100 이상의 숫자 읽기

～百

100 ひゃく	200 にひゃく	300 さんびゃく	400 よんひゃく	500 ごひゃく
600 ろっぴゃく	700 ななひゃく	800 はっぴゃく	900 きゅうひゃく	

～千

1000 せん	2000 にせん	3000 さんぜん	4000 よんせん	5000 ごせん
6000 ろくせん	7000 ななせん	8000 はっせん	9000 きゅうせん	

～万

1万 いちまん	10万 じゅうまん	100万 ひゃくまん	1000万 せんまん

LET'S TALK

Ⅰ 다음 보기와 같이 연습해 보세요.

| 보기 |

A: デジタルカメラは いくらですか。

B: 38万ウォンです。
<ruby>38<rt>さんじゅうはちまん</rt></ruby>

1

ワイシャツ / 45,000원

2

かばん / 270,000원

3

ノートブック / 1,890,000원

Ⅱ 다음 보기와 같이 연습해 보세요.

| 보기 |

A: トマトは いくらですか。

B: 五つで 3,000ウォンです。

1

りんご / 二つ / 5,000원

2

なし / 三つ / 10,000원

3

もも / 四つ / 6,000원

🔍 단어 --

デジタルカメラ 디지털카메라 | **ワイシャツ** 와이셔츠 | **かばん** 가방 | **ノートブック** 노트북 | **トマト** 토마토 | **りんご** 사과 |
なし 배 | **もも** 복숭아

Ⅲ 다음 보기와 같이 연습해 보세요.

> | 보기 |
>
> A: サンドイッチは いくらですか。
>
> B: ハムサンドイッチは 500円で、
>
> チーズサンドイッチは 450円です。

1

コーヒー / カフェラッテ 200円 /

カプチーノ 250円

2

おさけ / ビール 500円 /

ワイン 1,400円

3

人形 / トトロ 6,000円 /

キティー 3,500円

4

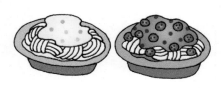

パスタ / クリームソース 1,260円 /

ミートソース 980円

🔍 단어 --

ハムサンドイッチ 햄 샌드위치 | チーズサンドイッチ 치즈 샌드위치 | コーヒー 커피 | カフェラッテ 카페라떼 | カプチーノ 카푸치노 | おさけ 술 | ビール 맥주 | ワイン 와인 | 人形(にんぎょう) 인형 | パスタ 파스타 | クリームソース 크림 소스 | ミートソース 미트 소스

EXERCISE

다음 빈칸에 알맞은 말을 넣어 보세요.

1 디지털카메라는 얼마입니까?

デジタルカメラは _____

2 전부 해서 얼마입니까?

全部
ぜん ぶ
_____

3 사과는 세 개에 5,000원입니다.

りんごは _____

4 토스트는 2,500원이고, 샌드위치는 3,000원입니다. (サンドイッチ)

トーストは _____

5 커피와 치즈케이크 하나 주세요. (チーズケーキ)

コーヒー _____

🔍 **단어** -

デジタルカメラ 디지털카메라 | **全部**(ぜんぶ) 전부 | **りんご** 사과 | **トースト** 토스트 | **〜と 〜와** | **チーズケーキ** 치즈케이크 | **ください** 주세요

EXERCISE

한자 연습

全
완전할 전

음독 ぜん　훈독 全(まった)く 전혀 / 全(すべて 모두, 온통　ノ　人　仝　仝　全

| 全 | 全 | 全 | 全 | 全 | 全 |

部
거느릴 부

음독 ぶ　훈독 ベ　ˋ　ㅗ　ㅗ　ㅗ　立　产　咅　咅　咅ß　部

| 部 | 部 | 部 | 部 | 部 | 部 |

全部
전　　부

| 全部 | 全部 | 全部 | 全部 | 全部 | 全部 |

全国
전　　국

| 全国 | 全国 | 全国 | 全国 | 全国 | 全国 |

部員
부　　원

| 部員 | 部員 | 部員 | 部員 | 部員 | 部員 |

외래어 연습

コーヒー 커피

| コーヒー | コーヒー | コーヒー | コーヒー |

ケーキ 케이크

| ケーキ | ケーキ | ケーキ | ケーキ |

サンドイッチ 샌드위치

| サンドイッチ | サンドイッチ | サンドイッチ | サンドイッチ |

FUN & TALK

백화점의 세일 기간입니다. 가격을 물어보면서 쇼핑해 보세요.

いくらですか。 얼마입니까?

Big バーゲンセール

テレビ
텔레비전
496,000원

ノートパソコン
노트북 1,234,000원

MP3 198,000원

デジカメ 디카 1,234,000원

時計
とけい
시계 89,000원

ネックレス
목걸이 55,000원

かばん 가방
98,000원

ワンピース
원피스 79,000원

靴 구두
くつ
67,000원

ぬいぐるみ
인형 20,000원

サングラス
선글라스 128,000원

ネクタイ
넥타이 34,000원

お誕生日はいつですか。
たん じょう び

생일은 언제예요?

표현 익히기　날짜와 요일

야마다 씨, 생일은 언제예요?

제 생일은 3월 17일이에요.

3월 17일! 그럼 다음주 월요일이잖아요. 저와 같은 3월생이네요.

네? 민아 씨의 생일은 언제예요?

3월 14일요. 실은 내일이 제 생일이에요.

아, 그래요? 축하합니다.

68

💬 Dialogue

 🎧 MP3 05-1

ナ: 山田さん、お誕生日は いつですか。

山田: ぼくの 誕生日ですか。3月 17日です。

ナ: 3月 17日！

じゃ、来週の 月曜日じゃありませんか。

私と 同じ 3月生まれですね。

山田: え、ナさんの 誕生日は いつですか。

ナ: 3月 14日。

実は 明日が 私の 誕生日なんです。

山田: あ、そうですか。おめでとうございます。

나민아: 야마다 씨, 생일은 언제예요?
야마다: 제 생일은 3월 17일이에요.
나민아: 3월 17일!
  그럼 다음주 월요일이잖아요.
  저와 같은 3월생이네요.
야마다: 네? 민아 씨의 생일은 언제예요?
나민아: 3월 14일요.
  실은 내일이 제 생일이에요.
야마다: 아, 그래요? 축하합니다.

 단어

お誕生日(たんじょうび) 생일 ｜ **いつ** 언제 ｜ **ぼく** 나(남자 1인칭) ｜ **来週**(らいしゅう) 다음 주 ｜ **～と** ~와/과 ｜ **同**(おな)**じ** 같은 ｜ **生**(う)**まれ** ~생, 태생, 출생 ｜ **実**(じつ)**は** 실은 ｜ **明日**(あした) 내일 ｜ **そうですか** 그렇습니까 ｜ **おめでとうございます** 축하합니다

 해당 없음

Lesson 05 ｜ お誕生日はいつですか。 **69**

GRAMMAR

1

いつですか

언제입니까?

お誕生日は いつですか。

休みは いつですか。

2

～じゃありませんか

～(이)지 않습니까?, ～가 아니에요?

山田さんじゃありませんか。

日本語の 先生じゃありませんか。

3

～ですね

～이군요, ～이네요

明日は 金さんの お誕生日ですね。

もう 春ですね。

4

生まれ

～생, 태생, 출생

彼女は 86年生まれです。

カンさんは ソウル生まれです。

🔍 **단어** ---

いつ 언제 │ **お誕生日**(たんじょうび) 생일 │ **休**(やす)**み** 휴일, 휴가, 방학 │ **先生**(せんせい) 선생님 │ **明日**(あした) 내일 │ **もう** 벌써, 이미, 이제 │ **春**(はる) 봄 │ **生**(う)**まれ** ～생, 태생, 출생 │ **～年**(ねん) ～년 │ **ソウル** 서울

何月 <ruby>何月<rt>なんがつ</rt></ruby> 몇월

1月	2月	3月	4月	5月	6月
いちがつ	にがつ	さんがつ	しがつ	ごがつ	ろくがつ
7月	8月	9月	10月	11月	12月
しちがつ	はちがつ	くがつ	じゅうがつ	じゅういちがつ	じゅうにがつ

<ruby>何日<rt>なんにち</rt></ruby> 몇일

日	月	火	水	木	金	土
1日 ついたち	2日 ふつか	3日 みっか	4日 よっか	5日 いつか	6日 むいか	7日 なのか
8日 ようか	9日 ここのか	10日 とおか	11日 じゅういちにち	12日 じゅうににち	13日 じゅうさんにち	14日 じゅうよっか
15日 じゅうごにち	16日 じゅうろくにち	17日 じゅうしちにち	18日 じゅうはちにち	19日 じゅうくにち	20日 はつか	21日 にじゅういちにち
22日 にじゅうににち	23日 にじゅうさんにち	24日 にじゅうよっか	25日 にじゅうごにち	26日 にじゅうろくにち	27日 にじゅうしちにち	28日 にじゅうはちにち
29日 にじゅうくにち	30日 さんじゅうにち	31日 さんじゅういちにち				

～<ruby>曜日<rt>ようび</rt></ruby> ～요일

月曜日(げつようび) 월요일　　火曜日(かようび) 화요일　　水曜日(すいようび) 수요일

木曜日(もくようび) 목요일　　金曜日(きんようび) 금요일　　土曜日(どようび) 토요일

日曜日(にちようび) 일요일　　何曜日(なんようび) 무슨 요일

여러 가지 시간 표현

一昨日(おととい) 그저께	先々週(せんせんしゅう) 지지난 주	先々月(せんせんげつ) 지지난 달
昨日(きのう) 어제	先週(せんしゅう) 지난주	先月(せんげつ) 지난달
今日(きょう) 오늘	今週(こんしゅう) 이번 주	今月(こんげつ) 이번 달
明日(あした) 내일	来週(らいしゅう) 다음 주	来月(らいげつ) 다음 달
明後日(あさって) 모레	再来週(さらいしゅう) 다다음 주	再来月(さらいげつ) 다다음 달

LET'S TALK

Ⅰ 다음 보기와 같이 연습해 보세요.　　　　🎧 MP3 Lesson 05-2

| 보기 |

A: 4日は 何曜日ですか。
<small>よっか　　なんようび</small>

B: 日曜日です。
<small>にちようび</small>

月	火	水	木	金	土	日
			①	2	3	4
5	6	7	8	⑨	10	11
12	13	⑭	15	16	17	18
⑲	20	21	22	23	㉔	25
26	㉗	28	29	30	31	

1　1日 / 木曜日
<small>ついたち　もくようび</small>

2　9日 / 金曜日
<small>ここのか　きんようび</small>

3　14日 / 水曜日
<small>じゅうよっか　すいようび</small>

4　19日 / 月曜日
<small>じゅうくにち　げつようび</small>

5　24日 / 土曜日
<small>にじゅうよっか　どようび</small>

6　27日 / 火曜日
<small>にじゅうしちにち　かようび</small>

Ⅱ 다음 보기와 같이 연습해 보세요.

| 보기 |

A: 何月 何日ですか。
　　 なんがつ なんにち

B: にがつ じゅうよっかです。 (2月 14日)

1
1월
10
いちがつ とおか
1月 10日

2
3월
3
さんがつ みっか
3月 3日

3
5월
8
ご がつ ようか
5 月 8日

4
8월
15
は ちがつ じゅうごにち
8月 15日

5
12월
24
じゅうにがつ にじゅうよっか
12月 24日

단어

何月何日(なんがつなんにち) 몇 월 며칠

EXERCISE

다음 빈칸에 알맞은 말을 넣어 보세요.

① 내일은 무슨 요일입니까? (何曜日)

明日は（あした）＿＿＿＿＿＿＿＿＿＿＿＿＿＿＿＿＿＿＿＿

② 다음 주 월요일은 며칠입니까? (何日)

来週の（らいしゅう）＿＿＿＿＿＿＿＿＿＿＿＿＿＿＿＿＿＿＿＿

③ 선생님의 생일은 언제입니까? (お誕生日/いつ)

先生の（せんせい）＿＿＿＿＿＿＿＿＿＿＿＿＿＿＿＿＿＿＿＿

④ 몇 월생입니까? (生まれ)

何月（なんがつ）＿＿＿＿＿＿＿＿＿＿＿＿＿＿＿＿＿＿＿＿

⑤ 오늘은 야마다 씨의 생일이 아닙니까? (～じゃありませんか)

今日は（きょう）＿＿＿＿＿＿＿＿＿＿＿＿＿＿＿＿＿＿＿＿

🔍 단어 --

明日(あした) 내일 ｜ 何曜日(なんようび) 무슨 요일 ｜ 来週(らいしゅう) 다음 주 ｜ 生(う)まれ 생, 태생 ｜ 今日(きょう) 오늘 ｜ ～じゃあ
りませんか ～이지 않습니까?

74

来 올 래

음독 らい　훈독 来(く)る 오다　一 ﾅ ﾄ ﾛ 平 来 来

| 来 | 来 | 来 | 来 | 来 | 来 |

週 돌 주

음독 しゅう　훈독 めぐる 돌다　丿 冂 冂 円 冃 用 周 周 ｀周 週

| 週 | 週 | 週 | 週 | 週 | 週 |

来週 다음 주 (らい しゅう)

| 来週 | 来週 | 来週 | 来週 | 来週 | 来週 |

来年 내 년 (らい ねん)

| 来年 | 来年 | 来年 | 来年 | 来年 | 来年 |

週間 주 간 (しゅう かん)

| 週間 | 週間 | 週間 | 週間 | 週間 | 週間 |

コンピューター 컴퓨터

| コンピューター | コンピューター | コンピューター | コンピューター |

ボールペン 볼펜

| ボールペン | ボールペン | ボールペン | ボールペン |

ソウル 서울

| ソウル | ソウル | ソウル | ソウル |

FUN & TALK

그림을 보고 마음에 드는 사람을 골라 생일과 태어난 곳을 물어보세요.

何月生まれですか。

佐藤
1968年 2月 27日
東京生まれ
うお座

鈴木
1975年 3月 24日
大阪 生まれ
おひつじ座

中村
1979年 5月 8日
京都生まれ
おうし座

吉田
1982年 7月 10日
名古屋生まれ
かに座

三木
1984年 9月 13日
神戸生まれ
おとめ座

高橋
1987年 10月 31日
広島生まれ
さそり座

일본 사람들과 생일을 이야기할 때 알아 두면 좋은 별자리

양자리 おひつじ座
3/21 - 4/19

황소자리 おうし座
4/20 - 5/20

쌍둥이자리 ふたご座
5/21-6/21

게자리 かに座
6/22-7/22

사자자리 しし座
7/23-8/22

처녀자리 おとめ座
8/23-9/23

천칭자리 てんびん座
9/24-10/22

전갈자리 さそり座
10/23-11/22

사수자리 いて座
11/23-12/24

염소자리 やぎ座
12/25-1/19

물병자리 みずがめ座
1/20-2/18

물고기자리 うお座
2/19-3/20

日本語は易しくて面白いです。

<ruby>日<rt>に</rt></ruby><ruby>本<rt>ほん</rt></ruby><ruby>語<rt>ご</rt></ruby>は<ruby>易<rt>やさ</rt></ruby>しくて<ruby>面<rt>おも</rt></ruby><ruby>白<rt>しろ</rt></ruby>いです。

일본어는 쉽고 재미있어요.

표현 익히기 | い형용사의 정중형과 부정형

💬 Dialogue

 MP3 06-1

山田: ナさん、日本語の 勉強は どうですか。

ナ: とても 面白いですよ。

山田: そうですか。

難しくありませんか。

ナ: いいえ、ぜんぜん 難しくありません。

易しくて 面白いです。

韓国語の 勉強は どうですか。

山田: 面白いですが、発音が 難しいです。

ナ: 実は 私も 漢字が 難しくて、大変です。

야마다: 민아 씨, 일본어 공부는 어때요?
나민아: 매우 재미있어요.
야마다: 그래요? 어렵지 않아요?
나민아: 아니요, 전혀 어렵지 않아요.
쉽고 재미있어요.
한국어 공부는 어때요?
야마다: 재미있지만, 발음이 어려워요.
나민아: 실은 저도 한자가 어려워서 힘들어요.

 단어 --

勉強(べんきょう) 공부 | どうですか 어떠세요? | とても 매우 | 面白(おもしろ)い 재미있다 | ~ですよ ~어요(강조) | 難(むずか)しい 어렵다 | ぜんぜん 전혀 | 易(やさ)しい 쉽다 | 韓国語(かんこくご) 한국어 | 発音(はつおん) 발음 | ~も ~도 | 漢字(かんじ) 한자 | 大変(たいへん)だ 큰일이다, 힘들다

GRAMMAR

1

い형용사 : 기본형이 い로 끝나는 형용사

1. い형용사의 기본형 + ～です   ～(ㅂ)니다 (정중형)

やまだ　　　かいしゃ　　おお
山田さんの 会社は 大きいです。

にほんご　　べんきょう　おもしろ
日本語の 勉強は 面白いです。

きょう　　てんき
今日は 天気が いいです。

2. い형용사의 어간 + ～くないです / ～くありません

～(하)지 않습니다 (정중한 부정형)

わたし　　へや　　　　　　　　　ひろ　　　　　　　　　　　ひろ
私の 部屋は あまり 広くないです。(= 広くありません)

にほんご　　むずか　　　　　　　　　　　むずか
日本語は 難しくないです。(= 難しくありません)

きょう　　あつ　　　　　　　　　　　あつ
今日は 暑くないです。(= 暑くありません)

3. い형용사의 기본형 + 명사   ～한 (수식형)

あつ
熱い コーヒー

つめ
冷たい ビール

から
辛い キムチ

 단어

会社(かいしゃ) 회사 ┃ **大**(おお)**きい** 크다 ┃ **勉強**(べんきょう) 공부 ┃ **面白**(おもしろ)**い** 재미있다 ┃ **今日**(きょう) 오늘 ┃ **天気**(てんき) 날씨 ┃ **いい** 좋다 ┃ **部屋**(へや) 방 ┃ **あまり** 그다지, 별로 ┃ **広**(ひろ)**い** 넓다 ┃ **難**(むずか)**しい** 어렵다 ┃ **暑**(あつ)**い** 덥다 ┃ **熱**(あつ)**い** 뜨겁다 ┃ **コーヒー** 커피 ┃ **冷**(つめ)**たい** 차갑다 ┃ **ビール** 맥주 ┃ **辛**(から)**い** 맵다 ┃ **キムチ** 김치

4. い형용사의 어간 + ~くて

❶ ~(하)고 (나열)

<ruby>易<rt>やさ</rt></ruby>しくて <ruby>面白<rt>おもしろ</rt></ruby>い <ruby>日本語<rt>に ほん ご</rt></ruby>

<ruby>大<rt>おお</rt></ruby>きくて <ruby>高<rt>たか</rt></ruby>い <ruby>車<rt>くるま</rt></ruby>

❷ ~이어서 (이유 설명)

<ruby>漢字<rt>かん じ</rt></ruby>が <ruby>難<rt>むずか</rt></ruby>しくて、<ruby>大変<rt>たいへん</rt></ruby>です。

<ruby>駅<rt>えき</rt></ruby>が <ruby>近<rt>ちか</rt></ruby>くて、いいです。

❷ ~よ
뜻은 없이 어미 뒤에 붙어 강조

この ケーキは とても おいしいですよ。

<ruby>今日<rt>きょう</rt></ruby>は <ruby>本当<rt>ほんとう</rt></ruby>に <ruby>寒<rt>さむ</rt></ruby>いですよ。

<ruby>日本語<rt>に ほん ご</rt></ruby>の <ruby>先生<rt>せんせい</rt></ruby>は とても <ruby>面白<rt>おもしろ</rt></ruby>いですよ。

 단어

易(やさ)しい 쉽다 | 大(おお)きい 크다 | 高(たか)い 비싸다 | 車(くるま) 차 | 漢字(かんじ) 한자 | 大変(たいへん)だ 힘들다 | 駅(えき) 역 | 近(ちか)い 가깝다 | ケーキ 케이크 | とても 매우 | おいしい 맛있다 | 本当(ほんとう)に 정말, 매우 | 寒(さむ)い 춥다

LET'S TALK

Ⅰ 다음 보기와 같이 연습해 보세요.

| 보기 |

A: 会社(かいしゃ)は 家(いえ)から 近(ちか)いですか。

B: いいえ、近(ちか)くありません。遠(とお)いです。

1 A: この カメラは 大(おお)きいですか。

B: _____

2 A: 部屋(へや)は 広(ひろ)いですか。

B: _____

3 A: 夏(なつ)は 寒(さむ)いですか。

B: _____

4 A: キムチは 甘(あま)いですか。

B: _____

5 A: この 車(くるま)は 新(あたら)しいですか。

B: _____

 단어

家(いえ) 집 | 近(ちか)い 가깝다 | 遠(とお)い 멀다 | カメラ 카메라 | 大(おお)きい 크다 | 小(ちい)さい 작다 | 部屋(へや) 방 | 広(ひろ)い 넓다 | 狭(せま)い 좁다 | 夏(なつ) 여름 | 寒(さむ)い 춥다 | 暑(あつ)い 덥다 | キムチ 김치 | 甘(あま)い 달다 | 辛(から)い 맵다 | 車(くるま) 차 | 新(あたら)しい 새롭다 | 古(ふる)い 낡다, 오래되다

Ⅱ 다음 보기와 같이 연습해 보세요.

> |보기|
>
> A: どんな 車<small>くるま</small>ですか。
>
> B: 大<small>おお</small>きくて 高<small>たか</small>い 車<small>くるま</small>です。

1　A: どんな 先生<small>せんせい</small>ですか。

　　B: ＿＿＿＿＿＿＿＿＿＿＿＿＿＿＿＿

優<small>やさ</small>しい / 面白<small>おもしろ</small>い

2　A: どんな かばんですか。

　　B: ＿＿＿＿＿＿＿＿＿＿＿＿＿＿＿＿

小<small>ちい</small>さい / かわいい

3　A: どんな コーヒーですか。

　　B: ＿＿＿＿＿＿＿＿＿＿＿＿＿＿＿＿

熱<small>あつ</small>い / おいしい

4　A: どんな 店<small>みせ</small>ですか。

　　B: ＿＿＿＿＿＿＿＿＿＿＿＿＿＿＿＿

新<small>あたら</small>しい / 広<small>ひろ</small>い

5　A: どんな 天気<small>てんき</small>ですか。

　　B: ＿＿＿＿＿＿＿＿＿＿＿＿＿＿＿＿

暖<small>あたた</small>かい / いい

🔍 단어

どんな 어떤 | 高(たか)い 비싸다 | 優(やさ)しい 상냥하다 | 小(ちい)さい 작다 | かわいい 귀엽다 | 熱(あつ)い 뜨겁다 | おいしい
맛있다 | 店(みせ) 가게 | 新(あたら)しい 새롭다 | 広(ひろ)い 넓다 | 天気(てんき) 날씨 | 暖(あたた)かい 따뜻하다 | いい 좋다

EXERCISE

다음 빈칸에 알맞은 말을 넣어 보세요.

① 일본어는 쉽고 재미있습니다. (易しい/面白い)

日本語は _____

② 차가운 맥주 주세요. (ビール)

冷たい _____

③ 이 휴대전화는 작고 가볍습니다. (小さい/軽い)

この ケータイ _____

④ 이 가게의 라면은 싸고 맛있습니다. (ラーメン/安い/おいしい)

この 店_____

⑤ 이것은 달고 맛있는 케이크입니다. (甘い/ケーキ)

これは _____

 단어 ---

易(やさ)しい 쉽다 │ 面白(おもしろ)い 재미있다 │ 冷(つめ)たい 차갑다 │ ビール 맥주 │ ケータイ 휴대전화 │ 小(ちい)さい 작다 │
軽(かる)い 가볍다 │ 店(みせ) 가게 │ ラーメン 라면 │ 安(やす)い 싸다 │ おいしい 맛있다 │ 甘(あま)い 달다 │ ケーキ 케이크

大
큰 대

음독 だい	훈독 大(おお)きい 크다	一 ナ 大

大	大	大	大	大	大

小
작을 소

음독 しょう	훈독 小(ちい)さい 작다	亅 小 小

小	小	小	小	小	小

大学
だい がく
대 학

大学	大学	大学	大学	大学	大学

小学校
しょう がっ こう
초등학교

小学校	小学校	小学校	小学校	小学校	小学校

ビール 맥주

ビール	ビール	ビール	ビール

ラーメン 라면

ラーメン	ラーメン	ラーメン	ラーメン

キムチ 김치

キムチ	キムチ	キムチ	キムチ

FUN & TALK

 다음은 여러 가지 い형용사입니다. 그림을 보면서 서로 얘기해 보세요.

<ruby>大<rt>おお</rt></ruby>きい
크다

<ruby>小<rt>ちい</rt></ruby>さい
작다

<ruby>新<rt>あたら</rt></ruby>しい
새롭다

<ruby>古<rt>ふる</rt></ruby>い
오래되다

<ruby>広<rt>ひろ</rt></ruby>い
넓다

<ruby>狭<rt>せま</rt></ruby>い
좁다

おもしろい
재미있다

つまらない
재미없다

<ruby>遠<rt>とお</rt></ruby>い
멀다

<ruby>近<rt>ちか</rt></ruby>い
가깝다

<ruby>暖<rt>あたた</rt></ruby>かい
따뜻하다

<ruby>涼<rt>すず</rt></ruby>しい
시원하다

あつ
暑い
덥다

さむ
寒い
춥다

たか
高い
높다

ひく
低い
낮다

たか
高い
비싸다

やす
安い
싸다

なが
長い
길다

みじか
短い
짧다

あつ
熱い
뜨겁다

つめ
冷たい
차갑다

かる
軽い
가볍다

おも
重い
무겁다

いい
좋다

わる
悪い
나쁘다

むずか
難しい
어렵다

やさ
易しい
쉽다

賑やかで有名な町です。

<ruby>賑<rt>にぎ</rt></ruby>やかで<ruby>有名<rt>ゆうめい</rt></ruby>な<ruby>町<rt>まち</rt></ruby>です。

번화하고 유명한 거리예요.

표현 익히기 な형용사의 정중형과 부정형

💬 Dialogue

🎧 MP3 07-1

姜： 原宿は どんな 町ですか。

山田： 原宿ですか。

賑やかで 有名な 町です。

いつも ファッショナブルな 若者たちで いっぱいです。

姜： そうですか。

山田： ソウルの 町の 中では どこが 有名ですか。

姜： そうですね。

ミョンドンや アックジョンなどの 町が 有名ですが、

私は アックジョンが いいです。

スリムで きれいな 女性が 多いですから。

山田： まったく、姜さんは。

강한척: 하라주쿠는 어떤 곳이에요?

야마다: 하라주쿠 말입니까?
번화하고 유명한 거리예요. 항상 패셔너블한 젊은이들이 가득하죠.

강한척: 그렇군요.

야마다: 서울의 거리 중에서는 어디가 유명합니까?

강한척: 글쎄요. 명동이나 압구정 등의 거리가 유명합니다만, 저는 압구정이 좋아요.
날씬하고 예쁜 여자가 많아서요.

야마다: 한척 씨도 참.

🔍 단어

原宿(はらじゅく) 하라주쿠(일본 지명) | どんな 어떤 | 町(まち) 거리, 동네 | 賑(にぎ)やかだ 번화하다, 번잡하다 | 有名(ゆうめい)だ 유명하다 | いつも 언제나 | ファッショナブルだ 패셔너블하다, 최신 유행의 차림을 하다 | 若者(わかもの) 젊은이 | ~たち ~들(복수 접미어) | ~で ~로 | いっぱい 가득 | ~中(なか) ~중 | ~や ~이나 | ~など ~등 | ~が ~만 | いい 좋다 | スリムだ 날씬하다 | きれいだ 예쁘다 | 女性(じょせい) 여성 | 多(おお)い 많다 | まったく 정말이지, 완전히

1

な형용사(형용동사) : 기본형이 ~だ로 끝나는 형용사

1. な형용사의 어간 + ~です　　　　　　~(ㅂ)니다 (정중형)

この 町は 有名です。
まち　ゆうめい

先生は 親切です。
せんせい　しんせつ

事務室は 静かです。
じむしつ　しず

2. な형용사의 어간 + ~では[じゃ]ありません / ~では[じゃ]ないです

　　　　　　　　　~(하)지 않습니다 (정중한 부정형)

金さんの 会社は あまり 有名では[じゃ]ありません。
キム　かいしゃ　ゆうめい

彼女は 親切では[じゃ]ありません。
かのじょ　しんせつ

教室は 静かでは[じゃ]ありません。
きょうしつ　しず

3. な형용사의 어간 + な + 명사　　　　~한 (수식형)

元気な 子供
げんき　こども

有名な 会社
ゆうめい　かいしゃ

賑やかな 町
にぎ　まち

有名(ゆうめい)だ 유명하다 ｜ **親切(しんせつ)だ** 친절하다 ｜ **事務室(じむしつ)** 사무실 ｜ **静(しず)かだ** 조용하다 ｜ **会社(かいしゃ)** 회사 ｜
彼女(かのじょ) 그녀 ｜ **教室(きょうしつ)** 교실 ｜ **元気(げんき)だ** 건강하다 ｜ **子供(こども)** 아이 ｜ **賑(にぎ)やかだ** 번화하다

4. な형용사의 어간 + ~で

❶ ~(하)고 (나열)

きれいで 親切な 店員
<ruby>親切<rt>しんせつ</rt></ruby>な <ruby>店員<rt>てんいん</rt></ruby>

<ruby>真面目<rt>まじめ</rt></ruby>で ハンサムな <ruby>人<rt>ひと</rt></ruby>

❷ ~이어서 (이유 설명)

ここは <ruby>静<rt>しず</rt></ruby>かで、 いいです。

<ruby>彼女<rt>かのじょ</rt></ruby>は きれいで、 <ruby>人気<rt>にんき</rt></ruby>が あります。

② ~から
~때문에, ~(하)니까 (이유 설명)

あの <ruby>店<rt>みせ</rt></ruby>が どうして いいですか。

→ <ruby>交通<rt>こうつう</rt></ruby>が <ruby>便利<rt>べんり</rt></ruby>ですから。

→ <ruby>店員<rt>てんいん</rt></ruby>が <ruby>親切<rt>しんせつ</rt></ruby>ですから。

→ <ruby>料理<rt>りょうり</rt></ruby>が <ruby>安<rt>やす</rt></ruby>くて おいしいですから。

외래어와 관련된 な형용사

ハンサムだ 잘생기다		スリムだ 날씬하다
ファッショナブルだ 패셔너블하다		リッチだ 부유하다

🔍 단어

きれいだ 예쁘다 | 店員(てんいん) 점원 | 真面目(まじめ)だ 성실하다 | 人(ひと) 사람 | 人気(にんき) 인기 | あります 있습니다 |
どうして 어째서, 왜 | 交通(こうつう) 교통 | 便利(べんり)だ 편리하다 | 料理(りょうり) 요리 | 安(やす)い 싸다

LET'S TALK

Ⅰ 다음 보기와 같이 연습해 보세요.

 MP3 Lesson 07-2

| 보기 |

A: 地下鉄(ちかてつ)は 便利(べんり)ですか。

B: はい、便利(べんり)です。

いいえ、便利(べんり)ではありません。

1

中村(なかむら)さん / ハンサムだ /

はい

2

金(キム)さん / 親切(しんせつ)だ /

はい

3

ダンス / 上手(じょうず)だ /

はい

4

この 車(くるま) / きれいだ /

いいえ

5

町(まち) / 静(しず)かだ /

いいえ

🔍 단어 -

地下鉄(ちかてつ) 지하철 ┃ **便利**(べんり)**だ** 편리하다 ┃ **ハンサムだ** 잘생기다 ┃ **親切**(しんせつ)**だ** 친절하다 ┃ **ダンス** 춤, 댄스 ┃ **上手**(じょうず)**だ** 잘하다, 능숙하다 ┃ **車**(くるま) 차 ┃ **きれいだ** 깨끗하다 ┃ **町**(まち) 거리, 마을 ┃ **静**(しず)**かだ** 조용하다

Ⅱ 다음 보기와 같이 연습해 보세요.

> |보기|
>
> A: どんな 町<small>まち</small>ですか。
>
> B: 賑<small>にぎ</small>やかで 有名<small>ゆうめい</small>な 町<small>まち</small>です。

1

人<small>ひと</small>

ハンサムだ / リッチだ

2

学生<small>がくせい</small>

元気<small>げんき</small>だ / 真面目<small>まじめ</small>だ

3

モデル

スリムだ / きれいだ

4

仕事<small>しごと</small>

簡単<small>かんたん</small>だ / 楽<small>らく</small>だ

5

先生<small>せんせい</small>

親切<small>しんせつ</small>だ / すてきだ

🔍 단어

どんな 어떤 ｜ 賑(にぎ)やかだ 번화하다, 번잡하다 ｜ 有名(ゆうめい)だ 유명하다 ｜ リッチだ 부유하다 ｜ 元気(げんき)だ 건강하다, 활달하다 ｜ 真面目(まじめ)だ 성실하다 ｜ モデル 모델 ｜ スリムだ 날씬하다 ｜ きれいだ 예쁘다 ｜ 仕事(しごと) 일 ｜ 簡単(かんたん)だ 간단하다 ｜ 楽(らく)だ 편하다 ｜ すてきだ 멋있다, 훌륭하다

EXERCISE

다음 빈칸에 알맞은 말을 넣어 보세요.

1 교통은 편리합니까? (便利^{べんり}だ)

交通^{こうつう}は _____

2 교실은 조용하지 않습니다. (静^{しず}かだ)

教室^{きょうしつ}は _____

3 야마다 씨는 성실한 사람입니다. (真面目^{まじめ}だ / 人^{ひと})

山田^{やまだ}さんは _____

4 그녀는 날씬하고 예쁩니다. (スリムだ / きれいだ)

彼女^{かのじょ}は _____

5 튼튼하고 멋진 차입니다. (すてきだ / 車^{くるま})

丈夫^{じょうぶ}で _____

 단어 ---

交通(こうつう) 교통 | 便利(べんり)だ 편리하다 | 教室(きょうしつ) 교실 | 静(しず)かだ 조용하다 | 真面目(まじめ)だ 성실하다 | 人(ひと) 사람 | スリムだ 날씬하다 | きれいだ 예쁘다 | 丈夫(じょうぶ)だ 튼튼하다 | すてきだ 멋지다 | 車(くるま) 차

94

親 친할 친

음독 しん　훈독 親(おや) 부모 / 親(した)しい 친하다　亠 立 产 辛 亲 亲 新 新 親 親

親	親	親	親	親	親

切 자를 절

음독 せつ 절　훈독 切(き)る 자르다　一 七 切 切

切	切	切	切	切	切

親切
しん せつ
친 절

親切	親切	親切	親切	親切	親切

両親
りょう しん
양 친

両親	両親	両親	両親	両親	両親

大切
たい せつ
중요함

大切	大切	大切	大切	大切	大切

ハンサム 잘생김

ハンサム	ハンサム	ハンサム	ハンサム

スリム 날씬함

スリム	スリム	スリム	スリム

モデル 모델

モデル	モデル	モデル	モデル

FUN & TALK

다음 な형용사를 이용하여 다양한 표현을 말해 보세요.

예) 彼(かれ)は ハンサムですか。

静(しず)かだ
조용하다

賑(にぎ)やかだ
번화하다, 번잡하다

便利(べんり)だ
편리하다

不便(ふべん)だ
불편하다

親切(しんせつ)だ
친절하다

不親切(ふしんせつ)だ
불친절하다

ハンサムだ
핸섬하다

きれいだ
예쁘다, 깨끗하다

真面目(まじめ)だ
성실하다

不真面目(ふまじめ)だ
불성실하다

貧乏(びんぼう)だ
가난하다

リッチだ
부유하다

96

あん しん
安心だ
안심하다

しん ぱい
心配だ
걱정하다

あん ぜん
安全だ
안전하다

き けん
危険だ
위험하다

す
好きだ
좋아하다

きら
嫌いだ
싫어하다

じょう ず
上手だ
잘하다

へ た
下手だ
못하다

げん き
元気だ
건강하다

じょう ぶ
丈夫だ
튼튼하다

だいじょう ぶ
大丈夫だ
괜찮다

りっ ぱ
立派だ
훌륭하다

ゆう めい
有名だ
유명하다

おな
同じだ
같다

かん たん
簡単だ
간단하다

ふく ざつ
複雑だ
복잡하다

どんな音楽が好きですか。
おん がく　　す

어떤 음악을 좋아하세요?

표현 익히기　최상급과 비교 구문

💬 Dialogue

🎧 MP3 08-1

山田(やまだ)：ナさんは どんな 音楽(おんがく)が 好(す)きですか。

ナ：私(わたし)は 静(しず)かな 音楽(おんがく)が 好(す)きです。

山田(やまだ)：じゃ、バラードと クラシックと どちらが

好(す)きですか。

ナ：クラシックの ほうが 好(す)きです。

山田(やまだ)さんは?

山田(やまだ)：私(わたし)は クラシックは ちょっと…。

演歌(えんか)が 一番(いちばん) 好(す)きです。

いつか カラオケで 私(わたし)の 十八番(じゅうはちばん)を…。

ナ：いいですね。

야마다 : 민아 씨는 어떤 음악을 좋아하세요?
나민아 : 저는 조용한 음악을 좋아해요.
야마다 : 그럼, 발라드나 클래식 중 어느 것이 좋아요?
나민아 : 클래식 쪽이 좋아요.
　　　　야마다 씨는요?
야마다 : 저는 클래식은 좀⋯⋯.
　　　　엔카를 가장 좋아합니다.
　　　　언젠가 노래방에서 제 18번을⋯⋯.
나민아 : 좋죠~.

 단어

どんな 어떤 ｜ 音楽(おんがく) 음악 ｜ ～が ～이 ｜ 好(す)きだ 좋아하다 ｜ 静(しず)かだ 조용하다 ｜ じゃ 그럼 ｜ バラード 발라드 ｜
～と ～와 ｜ クラシック 클래식 ｜ どちら 어느 쪽 ｜ ～ほう ～쪽 ｜ ちょっと 좀 ｜ 演歌(えんか) 엔카 ｜ 一番(いちばん) 가장, 제일 ｜
いつか 언젠가 ｜ カラオケ 노래방 ｜ ～で ～에서 ｜ 十八番(じゅうはちばん) 18번(특기곡) ｜ ～を ～을 ｜ いいですね 좋죠

GRAMMAR

1

～が 好きです   ～을(를) 좋아합니다

音楽が 好きです。

料理が 上手です。

スポーツが 下手です。

2

どんな ～が 好きですか   어떤 ～을(를) 좋아하세요?

どんな 音楽が 好きですか。

どんな 料理が 上手ですか。

どんな スポーツが 好きですか。

3

비교 구문

1. Aと Bと どちらが ～ですか   A와 B(둘 중에서) 어느 쪽을(더) ～하세요?

海と 山と どちらが 好きですか。

東京と ソウルと どちらが 寒いですか。

2. Aより Bのほうが ～です   A보다 B쪽을(더) ～해요

山より 海のほうが 好きです。

東京より ソウルのほうが 寒いです。

🔍 **단어**
- -

音楽(おんがく) 음악 ┃ **好**(す)**きだ** 좋아하다 ┃ **料理**(りょうり) 요리 ┃ **上手**(じょうず)**だ** 잘하다, 능숙하다 ┃ **スポーツ** 스포츠 ┃ **下手**(へた)**だ** 서투르다, 잘 못하다 ┃ **海**(うみ) 바다 ┃ **山**(やま) 산 ┃ **東京**(とうきょう) 도쿄 ┃ **ソウル** 서울 ┃ **寒**(さむ)**い** 춥다 ┃ **～より** ～보다

4 **최상급 구문**

1. **一番**{いちばん}　　　　　　　　　　　　　　　　가장, 제일

一番{いちばん} 有名{ゆうめい}です。

一番{いちばん} 好{す}きです。

一番{いちばん} 上手{じょうず}です。

2. **～の 中で**{なか}　　　　　　　　　　　　～(의) 중에서

ソウルの 町{まち}の 中{なか}で 一番{いちばん} 有名{ゆうめい}です。

季節{きせつ}の 中{なか}で 秋{あき}が 一番{いちばん} 好{す}きです。

外国語{がいこくご}の 中{なか}で 日本語{にほんご}が 一番{いちばん} 上手{じょうず}です。

3. **何**{なに} **/ いつ / だれ / どこ / どれ** 무엇/언제/누구/어디/어느 것

料理{りょうり}の 中{なか}で 何{なに}が 一番{いちばん} 好{す}きですか。

季節{きせつ}の 中{なか}で いつが 一番{いちばん} 好{す}きですか。

歌手{かしゅ}の 中{なか}で だれが 一番{いちばん} 好{す}きですか。

町{まち}の 中{なか}で どこが 一番{いちばん} 賑{にぎ}やかですか。

りんごと みかんと なしの 中{なか}で どれが 一番{いちばん} 好{す}きですか。

🔍 **단어** -

一番(いちばん) 가장 | **町**(まち) 마을, 거리(= 街{まち}) | **～の中**(なか)**で** ~ 중에서 | **季節**(きせつ) 계절 | **秋**(あき) 가을 | **外国語**(がいこくご)
외국어 | **歌手**(かしゅ) 가수 | **賑**(にぎ)**やかだ** 번화하다, 번잡하다 | **りんご** 사과 | **みかん** 귤 | **なし** 배

LET'S TALK

Ⅰ 다음 보기와 같이 연습해 보세요.

 MP3 Lesson 08-2

| 보기 |

A: 犬と　猫と　どちらが　好きですか。

B: 犬のほうが　好きです。

1　A: 日本語と　英語と　どちらが　上手ですか。

　　B: 日本語＿＿＿＿＿＿＿＿＿＿＿＿＿＿＿＿＿。

2　A: バスと　地下鉄と　どちらが　便利ですか。

　　B: 地下鉄＿＿＿＿＿＿＿＿＿＿＿＿＿＿＿＿。

3　A: お金と　健康と　どちらが　大切ですか。

　　B: 健康＿＿＿＿＿＿＿＿＿＿＿＿＿＿＿＿＿。

4　A: 恋人と　友だちと　どちらが　いいですか。

　　B: 恋人＿＿＿＿＿＿＿＿＿＿＿＿＿＿＿＿＿。

5　A: 家族と　仕事と　どちらが　重要ですか。

　　B: 家族＿＿＿＿＿＿＿＿＿＿＿＿＿＿＿＿＿。

 단어

犬(いぬ) 개 | 猫(ねこ) 고양이 | 日本語(にほんご) 일본어 | 英語(えいご) 영어 | 上手(じょうず)だ 잘하다 | バス 버스 | 地下鉄(ちか
てつ) 지하철 | 便利(べんり)だ 편리하다 | お金(かね) 돈 | 健康(けんこう) 건강 | 大切(たいせつ)だ 소중하다 | 恋人(こいびと) 애인 |
友(とも)だち 친구 | いい 좋다 | 家族(かぞく) 가족 | 仕事(しごと) 일 | 重要(じゅうよう)だ 중요하다

102

Ⅱ 다음 보기와 같이 연습해 보세요.

> | 보기 |
>
> A: スポーツの 中^{なか}で 何^{なに}が 一番^{いちばん} 好^すきですか。
>
> B: 野球^{やきゅう}が 一番^{いちばん} 好^すきです。

1 A: 果物^{くだもの}の 中^{なか}で 何^{なに}が 一番^{いちばん} 好^すきですか。

   B: _____

2 A: 歌手^{かしゅ}の 中^{なか}で だれが 一番^{いちばん} 好^すきですか。

   B: _____

3 A: 四季^{しき}の 中^{なか}で いつが 一番^{いちばん} 好^すきですか。

   B: _____

4 A: 韓国^{かんこく}の 山^{やま}の 中^{なか}で どこが 一番^{いちばん} 好^すきですか。

   B: _____

5 A: コーヒーと 紅茶^{こうちゃ}と コーラの 中^{なか}で どれが 一番^{いちばん} 好^すきですか。

   B: _____

🔍 단어 --

スポーツ 스포츠 ｜ **野球**(やきゅう) 야구 ｜ **果物**(くだもの) 과일 ｜ **歌手**(かしゅ) 가수 ｜ **四季**(しき) 사계절 ｜ **韓国**(かんこく) 한국 ｜ **山** (やま) 산 ｜ **コーヒー** 커피 ｜ **紅茶**(こうちゃ) 홍차 ｜ **コーラ** 콜라

EXERCISE

다음 빈칸에 알맞은 말을 넣어 보세요.

❶ 어떤 사람을 좋아합니까?

どんな _____

❷ 서울하고 도쿄 어느 쪽이 큽니까? (東京^{とうきょう})

ソウルと _____

❸ 영어보다 일본어 쪽을 잘합니다.

英語^{えいご}より _____

❹ 계절 중에서 봄을 가장 좋아합니다. (春^{はる})

季節^{きせつ}_____

❺ 스포츠 중에서 축구를 가장 좋아합니다. (サッカー)

スポーツ_____

🔍단어 ---

人(ひと) 사람 ｜ ソウル 서울 ｜ 東京(とうきょう) 도쿄 ｜ 英語(えいご) 영어 ｜ 季節(きせつ) 계절 ｜ 春(はる) 봄 ｜ スポーツ 스포츠 ｜
サッカー 축구

海
바다 해

음독 かい 훈독 海(うみ) 바다 氵 汁 沪 泃 海 海

海	海	海	海	海	海

山
뫼 산

음독 さん 훈독 山(やま) 산 丨 山 山

山	山	山	山	山	山

海外
해 외

海外	海外	海外	海外	海外	海外

富士山
후 지 산

富士山	富士山	富士山	富士山	富士山	富士山

スポーツ 스포츠

スポーツ	スポーツ	スポーツ	スポーツ

バス 버스

バス	バス	バス	バス

コーラ 콜라

コーラ	コーラ	コーラ	コーラ

FUN & TALK

다음 な형용사를 이용하여 다양한 표현을 말해 보세요.

예 何が 好きですか。

どちらが 好きですか。

何が 一番 好きですか。

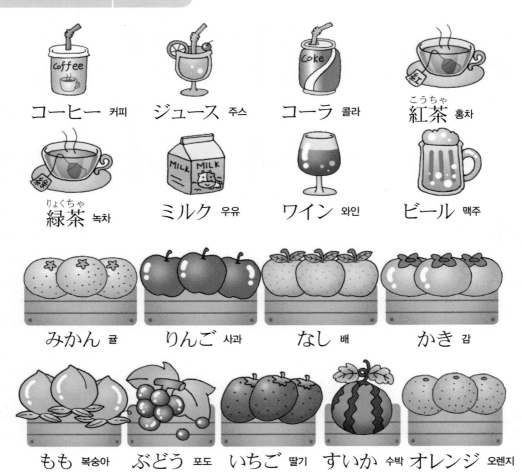

飲み物 / 果物　음료와 과일

コーヒー 커피　　ジュース 주스　　コーラ 콜라　　紅茶 홍차

緑茶 녹차　　ミルク 우유　　ワイン 와인　　ビール 맥주

みかん 귤　　りんご 사과　　なし 배　　かき 감

もも 복숭아　ぶどう 포도　いちご 딸기　すいか 수박　オレンジ 오렌지

季節{き せつ}/スポーツ | 계절과 스포츠

春{はる}
봄

夏{なつ}
여름

秋{あき}
가을

冬{ふゆ}
겨울

サッカー
축구

野球{や きゅう}
야구

水泳{すいえい}
수영

バスケット(ボール)
농구

テニス
테니스

スノーボード
스노보드

ボクシング
복싱

インラインスケート
인라인스케이트

バドミントン
배드민턴

スキー
스키

アイススケート
아이스 스케이트

ゴルフ
골프

クラスに学生は何人いますか。

반에 학생은 몇 명 있어요?

표현 익히기 생물과 무생물의 존재 표현 / 위치와 장소 표현

💬 Dialogue

田中（た なか）: 姜さんの 日本語（に ほん ご） 学校（がっこう）は どこに ありますか。

姜（カン）: 鐘路（チョン ロ）に あります。

ソウルシネマの 近（ちか）くです。

田中（た なか）: そうですか。

クラスに 学生（がくせい）は 何人（なんにん） いますか。

姜（カン）: 8人（はちにん） います。

田中（た なか）: かわいい 女（おんな）の子（こ）も いますか。

姜（カン）: はい、それで 授業（じゅぎょう）が とても 楽（たの）しいです。

田中（た なか）: ハハハ、いったい 勉強（べんきょう）の 目的（もくてき）は 何（なん）ですか。

다나카: 한척 씨의 일본어 학원은 어디에 있어요?

강한척: 종로에 있어요.

서울시네마 근처예요.

다나카: 그래요?

반에 학생이 몇 명 있어요?

강한척: 8명요.

다나카: 귀여운 여자도 있어요?

강한척: 네, 그래서 수업이 정말 즐거워요.

다나카: 하하하, 도대체 공부의 목적이 뭐예요?

 단어

どこ 어디 | ～に ～에 | ありますか 있습니까(무생물) | あります 있습니다(무생물) | シネマ 시네마 | 近(ちか)く 근처 | クラス 반, 클래스 | 何人(なんにん) 몇 명 | いますか 있습니까(생물) | います 있습니다(생물) | かわいい 귀엽다 | 女(おんな)の子(こ) 여자아이 | ～も ～도 | それで 그래서 | 授業(じゅぎょう) 수업 | とても 매우 | 楽(たの)しい 즐겁다 | いったい 도대체 | 勉強(べんきょう) 공부 | 目的(もくてき) 목적

GRAMMAR

1 **あります / ありません** 있습니다 / 없습니다 (무생물, 식물)

机と いすが あります。
木や 花が あります。
現金は ありません。

2 **います / いません** 있습니다 / 없습니다 (생물 : 사람, 동물)

先生が います。
犬が います。
恋人は いません。

3 **～に あります / います** ～에 있습니다

会社は 駅の そばに あります。
本は 机の 上に あります。
先生は 教室の 中に います。
猫は テーブルの 下に います。

🔍 **단어**

机(つくえ) 책상 │ ～と ～와 │ いす 의자 │ 木(き) 나무 │ ～や ～랑 │ 花(はな) 꽃 │ 現金(げんきん) 현금 │ 先生(せんせい) 선생님 │ 犬(いぬ) 개 │ 恋人(こいびと) 애인 │ 会社(かいしゃ) 회사 │ 駅(えき) 역 │ そば 옆 │ 本(ほん) 책 │ 上(うえ) 위 │ 教室(きょうしつ) 교실 │ 中(なか) 안, 속 │ 猫(ねこ) 고양이 │ テーブル 테이블 │ 下(した) 아래

4 どこにありますか / どこにいますか　어디에 있습니까?

会社(かいしゃ)は　どこに　ありますか。

本(ほん)は　どこに　ありますか。

先生(せんせい)は　どこに　いますか。

猫(ねこ)は　どこに　いますか。

위치를 나타내는 말

上(うえ) 위　　**下(した)** 아래

中(なか) 안　　**外(そと)** 밖

隣(となり) 이웃

そば 옆

右(みぎ) 오른쪽　　**左(ひだり)** 왼쪽

前(まえ) 앞　　**後(うし)ろ** 뒤

向(む)かい 맞은편

回(まわ)り 주위

사람 수 세는 말

一人(ひとり) 한 명	二人(ふたり) 두 명	三人(さんにん) 세 명	四人(よにん) 네 명
五人(ごにん) 다섯 명	六人(ろくにん) 여섯 명	七人(しちにん) 일곱 명	八人(はちにん) 여덟 명
九人(きゅうにん) 아홉 명	十人(じゅうにん) 열 명	何人(なんにん) 몇 명	

LET'S TALK

Ⅰ 다음 보기와 같이 연습해 보세요.

🎧 MP3 Lesson 09-2

| 보기 |

A: ボールペンは どこに ありますか。

B: ボールペンは ノートの 横に あります。

1

本 / 机の 上
(ほん / つくえ の うえ)

2

財布 / かばんの 中
(さいふ / なか)

3

雑誌 / ソファーの 下
(ざっし / した)

4

山田さん / 田中さんの 隣
(やまだ / たなか / となり)

5

猫 / カンさんの 前
(ねこ / まえ)

🔎 단어 -

ボールペン 볼펜 | ノート 노트 | 横(よこ) 옆 | 本(ほん) 책 | 机(つくえ) 책상 | 上(うえ) 위 | 財布(さいふ) 지갑 | かばん 가방 |
中(なか) 안 | 雑誌(ざっし) 잡지 | ソファー 소파 | 下(した) 밑, 아래 | 隣(となり) 옆, 이웃 | 猫(ねこ) 고양이 | 前(まえ) 앞

Ⅱ 다음 보기와 같이 연습해 보세요.

> | 보기 |
>
> A: 会社は どこに ありますか。
>
> B: 会社は 駅の 近くに あります。

1 銀行 / 会社の 隣

2 デパート / 郵便局の 前

3 コンビニ / 郵便局の 近く

4 郵便局 / デパートの 後ろ

5 本屋 / 銀行の 向かい

🔍 단어 --

会社(かいしゃ) 회사 ┃ 駅(えき) 역 ┃ 近(ちか)く 근처 ┃ 銀行(ぎんこう) 은행 ┃ 隣(となり) 옆 ┃ デパート 백화점 ┃ 郵便局(ゆうびんきょく) 우체국 ┃ 前(まえ) 앞 ┃ コンビニ 편의점 ┃ 後(うし)ろ 뒤 ┃ 本屋(ほんや) 서점 ┃ 向(む)かい 맞은편

Ⅲ 다음 보기와 같이 연습해 보세요.

> | 보기 |
>
> A: 学生^{がくせい}は 何人^{なんにん} いますか。
>
> B: 八人^{はちにん} います。

1

女^{おんな}の子^こ / 三人^{さんにん}

2

男^{おとこ}の子^こ / 五人^{ごにん}

3

日本人^{にほんじん} / 二人^{ふたり}

4

子供^{こども} / 一人^{ひとり}も いない

🔍 단어 ---

女(おんな)の子(こ) 여자아이 | 男(おとこ)の子(こ) 남자아이 | 子供(こども) 아이 | 一人(ひとり)も 한 사람도 | いない 없다

EXERCISE

다음 빈칸에 알맞은 말을 넣어 보세요.

1 가방은 책상 위에 있습니다. (<ruby>机<rt>つくえ</rt></ruby> / <ruby>上<rt>うえ</rt></ruby>)

かばんは _____

2 은행은 회사 앞에 있습니다. (<ruby>前<rt>まえ</rt></ruby>)

<ruby>銀行<rt>ぎんこう</rt></ruby>は _____

3 일본인 친구가 있습니다. (<ruby>友達<rt>ともだち</rt></ruby>)

<ruby>日本人<rt>にほんじん</rt></ruby> _____

4 집에 귀여운 강아지가 있습니다. (かわいい / <ruby>子犬<rt>こいぬ</rt></ruby>)

<ruby>家<rt>いえ</rt></ruby>に _____

5 오늘은 일이 없습니다. (<ruby>仕事<rt>しごと</rt></ruby>)

<ruby>今日<rt>きょう</rt></ruby>は _____

6 방에 고양이는 없습니다. (<ruby>猫<rt>ねこ</rt></ruby>)

<ruby>部屋<rt>へや</rt></ruby>に _____

 단어 --

かばん 가방 | **机**(つくえ) 책상 | **上**(うえ) 위 | **銀行**(ぎんこう) 은행 | **前**(まえ) 앞 | **友達**(ともだち) 친구 | **家**(いえ) 집 | **かわいい**
귀엽다 | **子犬**(こいぬ) 강아지 | **今日**(きょう) 오늘 | **仕事**(しごと) 일 | **部屋**(へや) 방 | **猫**(ねこ) 고양이

한자 연습

銀
은은

음독 ぎん　훈독 しろがね 은　　ノ 𠂤 𠂤 𠂤 金 金 𨥆 𨥆 𨥉 銀

| 銀 | 銀 | 銀 | 銀 | 銀 | 銀 |

行
다닐 행

음독 こう　훈독 行(おこな)う 행하다 / 行(い)く 가다　ノ 𠂤 彳 彳 行 行

| 行 | 行 | 行 | 行 | 行 | 行 |

銀行
은　행

| 銀行 | 銀行 | 銀行 | 銀行 | 銀行 | 銀行 |

行動
행　동

| 行動 | 行動 | 行動 | 行動 | 行動 | 行動 |

외래어 연습

テーブル 테이블

| テーブル | テーブル | テーブル | テーブル |

ソファー 소파

| ソファー | ソファー | ソファー | ソファー |

コンビニ 편의점

| コンビニ | コンビニ | コンビニ | コンビニ |

FUN & TALK

다음 그림을 보면서 무엇이 어디에 있는지 얘기해 보세요.

～は どこに ありますか。
～は どこに いますか。

〈 민아의 방 〉

〈 한척의 방 〉

LESSON 01

<ruby>私<rt>わたし</rt></ruby>は<ruby>会社員<rt>かいしゃいん</rt></ruby>です。

LET'S TALK

I

1 <ruby>私<rt>わたし</rt></ruby>は<ruby>学生<rt>がくせい</rt></ruby>です。 저는 학생입니다.

2 <ruby>私<rt>わたし</rt></ruby>は<ruby>会社員<rt>かいしゃいん</rt></ruby>です。 저는 회사원입니다.

3 <ruby>彼<rt>かれ</rt></ruby>は<ruby>歌手<rt>かしゅ</rt></ruby>です。 그는 가수입니다.

II

1 <ruby>山田<rt>やまだ</rt></ruby>さんは<ruby>日本人<rt>にほんじん</rt></ruby>です。 야마다 씨는 일본인입니다.

2 <ruby>王<rt>ワン</rt></ruby>さんは<ruby>中国人<rt>ちゅうごくじん</rt></ruby>です。 왕 씨는 중국인입니다.

3 スミスさんはアメリカ<ruby>人<rt>じん</rt></ruby>です。
스미스 씨는 미국인입니다.

III

1 **A:** <ruby>彼<rt>かれ</rt></ruby>は<ruby>学生<rt>がくせい</rt></ruby>ですか。 그는 학생입니까?

　 B: はい、<ruby>学生<rt>がくせい</rt></ruby>です。 네, 학생입니다.

2 **A:** <ruby>彼<rt>かれ</rt></ruby>はピアニストですか。 그는 피아니스트입니까?

　 B: いいえ、ピアニストではありません。
아니요, 피아니스트가 아닙니다.

3 **A:** <ruby>彼<rt>かれ</rt></ruby>は<ruby>歌手<rt>かしゅ</rt></ruby>ですか。 그는 가수입니까?

　 B: はい、<ruby>歌手<rt>かしゅ</rt></ruby>です。 네, 가수입니다.

4 **A:** <ruby>彼女<rt>かのじょ</rt></ruby>は<ruby>先生<rt>せんせい</rt></ruby>ですか。 그녀는 선생님입니까?

　 B: いいえ、<ruby>先生<rt>せんせい</rt></ruby>ではありません。
아뇨, 선생님이 아닙니다.

5 **A:** <ruby>彼女<rt>かのじょ</rt></ruby>は<ruby>日本人<rt>にほんじん</rt></ruby>ですか。 그녀는 일본인입니까?

　 B: はい、<ruby>日本人<rt>にほんじん</rt></ruby>です。 네, 일본인입니다.

EXERCISE

1 はじめまして。

2 どうぞよろしくお<ruby>願<rt>ねが</rt></ruby>いします。

3 <ruby>私<rt>わたし</rt></ruby>は<ruby>学生<rt>がくせい</rt></ruby>です。

4 <ruby>彼<rt>かれ</rt></ruby>は<ruby>会社員<rt>かいしゃいん</rt></ruby>ではありません。

5 <ruby>中国人<rt>ちゅうごくじん</rt></ruby>ですか。

LESSON 02

それはだれの<ruby>本<rt>ほん</rt></ruby>ですか。

LET'S TALK

I

1 **A:** この<ruby>帽子<rt>ぼうし</rt></ruby>は<ruby>金<rt>キム</rt></ruby>さんのですか。
이 모자는 김 씨의 것입니까?

　 B: はい、<ruby>金<rt>キム</rt></ruby>さんのです。
네, 김 씨의 것입니다.

2 **A:** このボールペンは<ruby>金<rt>キム</rt></ruby>さんのですか。
이 볼펜은 김 씨의 것입니까?

　 B: いいえ、<ruby>金<rt>キム</rt></ruby>さんのではありません。
아뇨, 김 씨의 것이 아닙니다.

3 **A:** その<ruby>時計<rt>とけい</rt></ruby>は<ruby>山田<rt>やまだ</rt></ruby>さんのですか。
그 시계는 야마다 씨의 것입니까?

　 B: いいえ、<ruby>山田<rt>やまだ</rt></ruby>さんのではありません。
아뇨, 야마다 씨의 것이 아닙니다.

4 **A:** そのめがねは<ruby>山田<rt>やまだ</rt></ruby>さんのですか。
그 안경은 야마다 씨의 것입니까?

　 B: はい、<ruby>山田<rt>やまだ</rt></ruby>さんのです。
네, 야마다 씨의 것입니다.

5 **A:** あの<ruby>車<rt>くるま</rt></ruby>は<ruby>先生<rt>せんせい</rt></ruby>のですか。
저 차는 선생님의 것입니까?

　 B: いいえ、<ruby>先生<rt>せんせい</rt></ruby>のではありません。
아뇨, 선생님의 것이 아닙니다.

Ⅱ

1　A: これは だれの 本ですか。

　　이것은 누구의 책입니까?

　　B: それは 先生の 本です。

　　그것은 선생님의 책입니다.

2　A: これは だれの ケータイですか。

　　이것은 누구의 휴대전화입니까?

　　B: それは 友達の ケータイです。

　　그것은 친구의 휴대전화입니다.

3　A: それは だれの カメラですか。

　　그것은 누구의 카메라입니까?

　　B: これは 私の カメラです。

　　이것은 나의 카메라입니다.

4　A: それは だれの 写真ですか。

　　그것은 누구의 사진입니까?

　　B: これは ナさんの 写真です。

　　이것은 나 씨의 사진입니다.

5　A: あれは だれの くつですか。

　　저것은 누구의 구두입니까?

　　B: あれは 金さんの くつです。

　　저것은 김 씨의 구두입니다.

EXERCISE

1　これは 私の かばんです。

2　それは 山田さんの ボールペンです。

3　あれは 日本の 雑誌です。

4　この 車は 会社のです。

5　そのケータイは 私のではありません。

6　あのくつは 先生のです。

LESSON 03

会社は何時から何時までですか。

LET'S TALK

Ⅰ

1　A: すみません、今何時ですか。

　　죄송합니다만, 지금 몇 시입니까?

　　B: 4時20分です。　4시 20분입니다.

2　A: すみません、今何時ですか。

　　B: 7時30分です。　7시 30분입니다.

3　A: すみません、今何時ですか。

　　B: 9時50分です。　9시 50분입니다.

4　A: すみません、今何時ですか。

　　B: 10時15分です。　10시 15분입니다.

5　A: すみません、今何時ですか。

　　B: 12時40分です。　12시 40분입니다.

Ⅱ

1　A: 会社は何時から何時までですか。

　　회사는 몇 시부터 몇 시까지입니까?

　　B: 会社は午前9時から午後6時までです。

　　회사는 오전 9시부터 오후 6시까지입니다.

2　A: 銀行は何時から何時までですか。

　　은행은 몇 시부터 몇 시까지입니까?

　　B: 銀行は午前9時から午後4時までです。

　　은행은 오전 9시부터 오후 4시까지입니다.

3　A: デパートは何時から何時までですか。

　　백화점은 몇 시부터 몇 시까지입니까?

　　B: デパートは午前10時半から午後7時半までです。

　　백화점은 오전 10시 반부터 오후 7시 반까지입니다.

4　A: 病院は何時から何時までですか。

　　병원은 몇 시부터 몇 시까지입니까?

　　B: 病院は午前10時から午後7時までです。　병원은 오전 10시부터 오후 7시까지입니다.

5 **A:** レストランは何時から何時までですか。
  레스토랑은 몇 시부터 몇 시까지입니까?
  B: レストランは午前 11 時から午後 10 時までです。
  레스토랑은 오전 11시부터 오후 10시까지입니다.

EXERCISE

1 日本語の授業は 7 時から 8 時までです。

2 昼休みは 12 時から 1 時までです。

3 会議は午前 10 時から 12 時までです。

4 アルバイトは午後 6 時から 11 時までです。

5 美容院は午前 10 時から午後 9 時までです。

LESSON 04
うどんはいくらですか。

LET'S TALK

Ⅰ

1 **A:** ワイシャツはいくらですか。
  와이셔츠는 얼마입니까?
  B: 4 万 5 千ウォンです。 4만 5천원입니다.

2 **A:** かばんはいくらですか。
  가방은 얼마입니까?
  B: 27 万ウォンです。 27만 원입니다.

3 **A:** ノートブックはいくらですか。
  노트북은 얼마입니까?
  B: 189 万ウォンです。 189만 원입니다.

Ⅱ

1 **A:** りんごはいくらですか。
  사과는 얼마입니까?
  B: 二つで 5,000 ウォンです。
  두개에 5,000원입니다.

2 **A:** なしはいくらですか。
  배는 얼마입니까?
  B: 三つで 10,000 ウォンです。
  세 개에 10,000원입니다.

3 **A:** ももはいくらですか。
  복숭아는 얼마입니까?
  B: 四つで 6,000 ウォンです。
  네 개에 6,000원입니다.

Ⅲ

1 **A:** コーヒーはいくらですか。
  커피는 얼마입니까?
  B: カフェラッテは 200 円で、カプチーノは 250 円です。
  카페라떼는 200엔이고, 카푸치노는 250엔입니다.

2 **A:** おさけはいくらですか。
  술은 얼마입니까?
  B: ビールは 500 円で、ワインは 1,400 円です。 맥주는 500엔이고, 와인은 1,400엔입니다.

3 **A:** 人形はいくらですか。
  인형은 얼마입니까?
  B: トトロは 6,000 円で、キティーは 3,500 円です。
  토토로는 6,000엔이고 키티는 3,500엔입니다.

4 **A:** パスタはいくらですか。
  파스타는 얼마입니까?
  B: クリームソースは 1,260 円で、ミートソースは 980 円です。
  크림소스는 1,260엔이고 미트소스는 980엔입니다.

EXERCISE

1 デジタルカメラはいくらですか。

2 全部でいくらですか。

3 りんごは三つで 5,000 ウォンです。

4 トーストは 2,500 ウォンで、サンドイッチは 3,000 ウォンです。

5 コーヒーと チーズケーキ 一つ ください。

LESSON 05

お誕生日はいつですか。
<small>たんじょう び</small>

LET'S TALK

Ⅰ

1 **A:** 1日は何曜日ですか。 1일은 무슨 요일입니까?
<small>ついたち なんよう び</small>

B: 木曜日です。 목요일입니다.
<small>もくよう び</small>

2 **A:** 9日は何曜日ですか。 9일은 무슨 요일입니까?
<small>ここのか なんよう び</small>

B: 金曜日です。 금요일입니다.
<small>きんよう び</small>

3 **A:** 14日は何曜日ですか。 14일은 무슨 요일입니까?
<small>じゅうよっか なんよう び</small>

B: 水曜日です。 수요일입니다.
<small>すいよう び</small>

4 **A:** 19日は何曜日ですか。 19일은 무슨 요일입니까?
<small>じゅうくにち なんよう び</small>

B: 月曜日です。 월요일입니다.
<small>げつよう び</small>

5 **A:** 24日は何曜日ですか。 24일은 무슨 요일입니까?
<small>にじゅうよっか なんよう び</small>

B: 土曜日です。 토요일입니다.
<small>ど よう び</small>

6 **A:** 27日は何曜日ですか。 27일은 무슨 요일입니까?
<small>にじゅうしちにち なんよう び</small>

B: 火曜日です。 화요일입니다.
<small>か よう び</small>

Ⅱ

1 **A:** 何月何日ですか。 몇월 며칠입니까?
<small>なんがつ なんにち</small>

B: いちがつ とおかです。 1월 10일입니다.

2 **A:** 何月何日ですか。 몇월 며칠입니까?
<small>なんがつ なんにち</small>

B: さんがつ みっかです。 3월 3일입니다.

3 **A:** 何月何日ですか。 몇월 며칠입니까?
<small>なんがつ なんにち</small>

B: ごがつ ようかです。 5월 8일입니다.

4 **A:** 何月何日ですか。 몇월 며칠입니까?
<small>なんがつ なんにち</small>

B: はちがつ じゅうごにちです。 8월 15일입니다.

5 **A:** 何月何日ですか。 몇월 며칠입니까?
<small>なんがつ なんにち</small>

B: じゅうにがつ にじゅうよっかです。
12월 24일입니다.

EXERCISE

1 明日は何曜日ですか。
<small>あした なんよう び</small>

2 来週の月曜日は何日ですか。
<small>らいしゅう げつよう び なんにち</small>

3 先生のお誕生日はいつですか。
<small>せんせい たんじょうび</small>

4 何月生まれですか。
<small>なん がつ う</small>

5 今日は山田さんのお誕生日じゃありませんか。
<small>きょう やま だ たんじょう び</small>

LESSON 06

日本語は易しくて面白いです。
<small>に ほん ご やさ おも しろ</small>

LET'S TALK

Ⅰ

1 **A:** このカメラは大きいですか。
<small>おお</small>

이 카메라는 큽니까?

B: いいえ、大きくありません。小さいです。
<small>おお ちい</small>

아뇨, 크지 않습니다. 작습니다.

2 **A:** 部屋は広いですか。
<small>へ や ひろ</small>

방은 넓습니까?

B: いいえ、広くありません。狭いです。
<small>ひろ せま</small>

아뇨, 넓지 않습니다. 좁습니다.

3 **A:** 夏は寒いですか。
<small>なつ さむ</small>

여름은 춥습니까?

B: いいえ、寒くありません。暑いです。
<small>さむ あつ</small>

아뇨, 춥지 않습니다. 덥습니다.

4 **A:** キムチは甘いですか。
<small>あま</small>

김치는 답니까?

B: いいえ、甘くありません。辛いです。
<small>あま から</small>

아뇨, 달지 않습니다. 맵습니다.

5 **A:** この車は新しいですか。
<small>くるま あたら</small>

이 차는 새것입니까?

B: いいえ、新しくありません。古いです。
<small>あたら ふる</small>

아뇨, 새것이 아닙니다. 낡았습니다.

Ⅱ

1 **A:** どんな先生ですか。 어떤 선생님입니까?

B: 優しくて面白い先生です。
상냥하고 재미있는 선생님입니다.

2 **A:** どんなかばんですか。 어떤 가방입니까?

B: 小さくてかわいいかばんです。
작고 예쁜 가방입니다.

3 **A:** どんなコーヒーですか。 어떤 커피입니까?

B: 熱くておいしいコーヒーです。
뜨겁고 맛있는 커피입니다.

4 **A:** どんな店ですか。 어떤 가게입니까?

B: 新しくて広い店です。
새롭고 넓은 가게입니다.

5 **A:** どんな天気ですか。 어떤 날씨입니까?

B: 暖かくていい天気です。
따뜻하고 좋은 날씨입니다.

EXERCISE

1 日本語は易しくて面白いです。

2 冷たいビールください。

3 このケータイは小さくて軽いです。

4 この店のラーメンは安くておいしいです。

5 これは甘くておいしいケーキです。

LESSON 07
賑やかで有名な町です。

LET'S TALK

Ⅰ

1 **A:** 中村さんはハンサムですか。
나카무라 씨는 잘생겼습니까?

B: はい、ハンサムです。 네, 잘생겼습니다.

2 **A:** 金さんは親切ですか。 김 씨는 친절합니까?

B: はい、親切です。 네, 친절합니다.

3 **A:** ダンスが上手ですか。 춤을 잘 춥니까?

B: はい、上手です。 네, 잘 춥니다.

4 **A:** この車はきれいですか。 이 차는 깨끗합니까?

B: いいえ、きれいではありません。
아뇨, 깨끗하지 않습니다.

5 **A:** 町は静かですか。 거리는 조용합니까?

B: いいえ、静かではありません。
아뇨, 조용하지 않습니다.

Ⅱ

1 **A:** どんな人ですか。 어떤 사람입니까?

B: ハンサムでリッチな人です。
잘생기고 부자인 사람입니다.

2 **A:** どんな学生ですか。 어떤 학생입니까?

B: 元気で真面目な学生です。
활발하고 성실한 학생입니다.

3 **A:** どんなモデルですか。 어떤 모델입니까?

B: スリムできれいなモデルです。
날씬하고 예쁜 모델입니다.

4 **A:** どんな仕事ですか。 어떤 일입니까?

B: 簡単で楽な仕事です。
간단하고 편한 일입니다.

5 **A:** どんな先生ですか。 어떤 선생님입니까?

B: 親切ですてきな先生です。
친절하고 멋진 선생님입니다.

EXERCISE

1 交通は便利ですか。

2 教室は静かでは[じゃ]ありません。

3 山田さんは真面目な人です。

4 彼女はスリムできれいです。

5 丈夫ですてきな車です。

LESSON 08
どんな音楽が好きですか。

LET'S TALK

Ⅰ

1 A:日本語と英語とどちらが上手ですか。

일본어와 영어하고 어느 쪽을 잘하세요?

B:日本語のほうが上手です。

일본어를 더 잘합니다.

2 A:バスと地下鉄とどちらが便利ですか。

버스와 지하철하고 어느 쪽이 편리합니까?

B:地下鉄のほうが便利です。

지하철이 더 편리합니다.

3 A:お金と健康とどちらが大切ですか。

돈과 건강하고 어느 쪽이 중요합니까?

B:健康のほうが大切です。 건강이 더 중요합니다.

4 A:恋人と友だちとどちらがいいですか。

애인과 친구하고 어느 쪽이 좋습니까?

B:恋人のほうがいいです。 애인이 더 좋습니다.

5 A:家族と仕事とどちらが重要ですか。

가족과 일하고 어느 쪽이 중요합니까?

B:家族のほうが重要です。 가족이 더 중요합니다.

Ⅱ

1 A:果物の中で何が一番好きですか。

과일 중에서 무엇을 가장 좋아하세요?

B:みかんが一番好きです。 귤을 가장 좋아합니다

2 A:歌手の中でだれが一番好きですか。

가수 중에서 누구를 가장 좋아하세요?

B:BOAが一番好きです。 BOA를 가장 좋아합니다.

3 A:四季の中でいつが一番好きですか。

사계절 중에서 언제를 가장 좋아하세요?

B:冬が一番好きです。 겨울을 가장 좋아합니다.

4 A:韓国の山の中でどこが一番好きですか。

한국산 중에서 어느 곳을 가장 좋아하세요?

B:ソラク山が一番好きです。

설악산을 가장 좋아합니다.

5 A:コーヒーと紅茶とコーラの中でどれが一番好きですか。

커피와 홍차와 콜라 중에서 어느 것을 가장 좋아하세요?

B:コーヒーが一番好きです。

커피를 가장 좋아합니다.

EXERCISE

1 どんな人が好きですか。

2 ソウルと東京とどちらが大きいですか。

3 英語より日本語のほうが上手です。

4 季節の中で春が一番好きです。

5 スポーツの中でサッカーが一番好きです。

LESSON 09
クラスに学生は何人いますか。

LET'S TALK

Ⅰ

1 A:本はどこにありますか。 책은 어디에 있습니까?

B:本は机の上にあります。

책은 책상 위에 있습니다.

2 A:財布はどこにありますか。

지갑은 어디에 있습니까?

B:財布はかばんの中にあります。

지갑은 가방 안에 있습니다.

3 A:雑誌はどこにありますか。

잡지는 어디에 있습니까?

B:ソファーの下にあります。

소파 아래에 있습니다.

4 A:山田さんはどこにいますか。

야마다 씨는 어디에 있습니까?

B:田中さんの隣にいます。 다나카 씨 옆에 있습니다.

5 **A:** 猫はどこにいますか。 <ruby>猫<rt>ねこ</rt></ruby> 고양이는 어디에 있습니까?

B: カンさんの<ruby>前<rt>まえ</rt></ruby>にいます。 강씨의 앞에 있습니다.

Ⅱ

1 **A:** <ruby>銀行<rt>ぎんこう</rt></ruby>はどこにありますか。

은행은 어디에 있습니까?

B: <ruby>銀行<rt>ぎんこう</rt></ruby>は<ruby>会社<rt>かいしゃ</rt></ruby>の<ruby>隣<rt>となり</rt></ruby>にあります。

은행은 회사 옆에 있습니다.

2 **A:** デパートはどこにありますか。

백화점은 어디에 있습니까?

B: デパートは<ruby>郵便局<rt>ゆうびんきょく</rt></ruby>の<ruby>前<rt>まえ</rt></ruby>にあります。

백화점은 우체국 앞에 있습니다.

3 **A:** コンビニはどこにありますか。

편의점은 어디에 있습니까?

B: コンビニは<ruby>郵便局<rt>ゆうびんきょく</rt></ruby>の<ruby>近<rt>ちか</rt></ruby>くにあります。

편의점은 우체국 근처에 있습니다.

4 **A:** <ruby>郵便局<rt>ゆうびんきょく</rt></ruby>はどこにありますか。

우체국은 어디에 있습니까?

B: <ruby>郵便局<rt>ゆうびんきょく</rt></ruby>はデパートの<ruby>後<rt>うし</rt></ruby>ろにあります。

우체국은 백화점 뒤에 있습니다.

5 **A:** <ruby>本屋<rt>ほんや</rt></ruby>はどこにありますか。

서점은 어디에 있습니까?

B: <ruby>本屋<rt>ほんや</rt></ruby>は<ruby>銀行<rt>ぎんこう</rt></ruby>の<ruby>向<rt>む</rt></ruby>かいにあります。

서점은 은행 맞은편에 있습니다.

Ⅲ

1 **A:** <ruby>女<rt>おんな</rt></ruby>の<ruby>子<rt>こ</rt></ruby>は<ruby>何人<rt>なんにん</rt></ruby>いますか。

여자아이는 몇 명 있습니까?

B: <ruby>女<rt>おんな</rt></ruby>の<ruby>子<rt>こ</rt></ruby>は<ruby>三人<rt>さんにん</rt></ruby>います。 여자아이는 세 명 있습니다.

2 **A:** <ruby>男<rt>おとこ</rt></ruby>の<ruby>子<rt>こ</rt></ruby>は<ruby>何人<rt>なんにん</rt></ruby>いますか。

남자아이는 몇 명 있습니까?

B: <ruby>男<rt>おとこ</rt></ruby>の<ruby>子<rt>こ</rt></ruby>は<ruby>五人<rt>ごにん</rt></ruby>います。 남자아이는 5명 있습니다.

3 **A:** <ruby>日本人<rt>にほんじん</rt></ruby>は<ruby>何人<rt>なんにん</rt></ruby>いますか。

일본인은 몇 명 있습니까?

B: <ruby>日本人<rt>にほんじん</rt></ruby>は<ruby>二人<rt>ふたり</rt></ruby>います。 일본인은 두 명 있습니다.

4 **A:** <ruby>子供<rt>こども</rt></ruby>は<ruby>何人<rt>なんにん</rt></ruby>いますか。 아이는 몇 명 있습니까?

B: <ruby>子供<rt>こども</rt></ruby>は<ruby>一人<rt>ひとり</rt></ruby>もいません。 아이는 한 명도 없습니다.

EXERCISE

1 かばんは<ruby>机<rt>つくえ</rt></ruby>の<ruby>上<rt>うえ</rt></ruby>にあります。

2 <ruby>銀行<rt>ぎんこう</rt></ruby>は<ruby>会社<rt>かいしゃ</rt></ruby>の<ruby>前<rt>まえ</rt></ruby>にあります。

3 <ruby>日本人<rt>にほんじん</rt></ruby>の<ruby>友達<rt>ともだち</rt></ruby>がいます。

4 <ruby>家<rt>いえ</rt></ruby>にかわいい<ruby>子犬<rt>こいぬ</rt></ruby>がいます。

5 <ruby>今日<rt>きょう</rt></ruby>は<ruby>仕事<rt>しごと</rt></ruby>がありません。

6 <ruby>部屋<rt>へや</rt></ruby>に<ruby>猫<rt>ねこ</rt></ruby>はいません。